葬儀の疑問？解決事典

吉川美津子
葬送・終活ソーシャルワーカー／社会福祉士

黒澤史津乃
株式会社ＯＡＧライフサポート代表取締役（行政書士／消費生活アドバイザー／消費生活相談員／ＮＨＫ文化センター講師）

つちや書店

目次

第1章　看取り～初七日までの流れと手続き

第2章

葬儀後にすみやかに行う手続き

第3章

遺族年金の手続き

第4章　遺産相続の手続き

第5章 相続税の手続き

はじめに

お葬式と各種手続きの〝はじめて〟ガイド

人は誰でも死を迎え、家族はそれを見送ります。

死と向き合うことは決して不謹慎なことではなく、家族が見送った方を心から供養することと、これからも幸せに暮らすことにつながります。

死は人生のひとつの出来事
向き合うことは不謹慎ではない

家族の〝今後〟を話す3つのポイント

家族の〝今後〟を話す第一のポイントは、話すタイミングです。大切なことですから、落ち着いてゆっくりと話し合える機会を見計らうことが必要でしょう。また、家族に聞いておきたいこと、もしくはそれぞれが家族のために用意しておくべきものなどをリストアップすることも大切です。

❶ 家族の“今後”を話すタイミング

1	家族の心身に変化があったとき
2	家族本人から話を切り出されたとき
3	闘病生活が長い場合は、闘病中の本人が相続のことなどを準備していることがあるので、折をみて話してみる
4	お正月なら、家族の年賀状を一緒に見て交友関係を聞きつつ、今後の話をしてみる
5	お盆など、お墓参りに行ったとき
6	「○○が亡くなった」など、友人や知人が亡くなった話を本人がしたとき
7	認知症の恐れがあったり物忘れがひどいときは医師の診察を受け、その判断によっては家族が早めに成年後見制度などの手続きをとることも必要（166 ページ）
8	世帯主と直接話すなら、元気なときは前向きのパワーに溢れているので、今後の話は避けたほうが無難

❷ 家族の今後のために“聞くべきこと”

1	お葬式にこだわりを持っているなら、どんな送られ方をしてほしいのか聞いておく
2	本人が無宗教葬を希望するのなら、なぜそれにこだわるのかとことん話し合う。単に仏教葬がイヤという場合は、安易に無宗教葬を選択しないほうがよいこともある（47 ページ）
3	財産は負の財産（借金）についても聞いておく。また、印鑑や不動産関係の書類なども保管場所を共有しておく
4	パソコンや携帯電話のパスワードを聞いておく
5	ネット証券のパスワードのほか、なにかしらの会員になっている場合もそれらの ID、パスワードを聞いておく

❸ 家族の今後のためにすべきこと

1	家族の将来のためにできること、残せることを少しでも用意しておく
2	お葬式にこだわりを持っているなら、葬送の方法を明確にしておく。特に無宗教の場合は、安易にそれを選択するとあとで葬送や法要のことで家族の負担になることもあるので、注意が必要（47 ページ）
3	不動産や預貯金などの資産台帳や各種パスワードを控えておき、家族と共有しておく
4	借金がある場合、あるいは契約書もなく他人とお金の貸し借りをしている場合は、それも家族と共有し、明らかにしておく
5	法的効力を持たない遺言を残さないこと。遺言を残すなら、法的効力を持つ、公正証書遺言を残す（144、168 ページ）

家族と話し合って

心づもりをしておくことは必要

今後について話し合うことは必要

パートナーや親が高齢に差し掛かると、家族としては来るべき日を意識せざるを得なくなります。

各種専門書やマスコミでは、「元気なうちから今後について話し、来るべき日に備えて、葬送方法や交友関係、重要書類の保管場所などを聞き出しておきましょう」とアドバイスされていますから、すでにパートナーや親に今後のことを話したことがある人もいるのではないでしょうか。

本人と話すならタイミングを見計らって

とはいえ、アドバイス通りに話を切り出した途端、「葬式の話や亡くなったあとの心配をするなんて！　私に死んでほしいのか⁉」と怒鳴られたり、「まだ元気なんだから、そんな話をするのは早いっ！」と取り合ってもらえなかった人もいることでしょう。また、世帯主が亡くなったあとの生活について家族の前などで早々に話を出すと、家族からでさえも〝不謹慎〟の目で見られることがあります。

結論からいうと〝死〟は誰にでも訪れるもの

であり、人生の中のひとつの出来事です。**前もって向き合うことは決して不謹慎ではありませんし、家族で話し合っておくことは必要でしょう。**お盆やお彼岸などの法事の際、介護が必要になったときなど、タイミングを見計らって話をすることもできますし、普段の会話から本人の意向を推測することもできます。

相手の体に変化を感じたときが話すきっかけ

ではどんなタイミングがよいかというと、**「相手が自分の体に変化を感じたとき」、もしくは「相手の体に変化を感じたとき」**です。風邪をひいてなかなか治らない、足腰が弱くなったといったタイミングや、これまで患ったことのない病気や入院もきっかけになります。もちろん本人から話を切り出されたときも見逃せません。

さらに、闘病生活が長い場合は、本人の意識が高いので、すでに自分で不動産の書類をまとめておくなど、用意している可能性があります。この場合は、相手の心の準備は整っているので、折をみて話を切り出してみましょう。

物忘れが多くなってきたら家族が早めに管理しても

体は元気だけれど同じことを何度も言うようになったり、好きだったものに興味を示さなくなったり、怒りっぽくなったり……など、以前の相手と比べて違和感を感じたなら、もしかしたら認知症の始まりかもしれません。また、物忘れがひどい場合は、認知症のほかにうつ状態の可能性もあります。いずれにしても相手の状態に違和感を感じたら、まずは医師の診察を受けるべきですが、**手続き関係でいうなら成年後見制度（166ページ）など**、早めに法的なサポートを利用しましょう。

パソコンやインターネット上で利用しているオンライン証券など、各種パスワードを聞き出しておくことも必要です。

手続きに必要な
主な証明書

手続きは「戸籍謄本」が基本

世帯主でなくても、家族が亡くなるとさまざまな手続きが発生します。保険や年金、相続手続きなどをする際も、戸籍の提出を各所から求められますが、**手続きでは「戸籍謄本」が基本です。**手配する書類の種類には十分に注意しましょう。

◆戸籍書類の種類

戸《こ》籍《せき》謄《とう》本《ほん》	**その戸籍に入っている全員の事項を写した（記載した）もの**で、戸籍の内容をすべて記している書類。全部事項証明書ともいう。両親の名前、生年月日、続柄、出生地、婚姻歴、離婚歴などが書かれている。ちなみに、戸籍抄本（こせきしょうほん）とは、戸籍の内容を一部抜粋して写した書類のことで、個人事項証明書ともいう
除《じょ》籍《せき》謄《とう》本《ほん》	婚姻や離婚、死亡、転籍（本籍をほかに移すこと）などによって、**その戸籍に記載されている人が誰もいない状態になった戸籍**のこと
改《かい》製《せい》原《げん》戸《こ》籍《せき》謄《とう》本《ほん》	「かいせいはらこせき」とも呼ばれている書類。法律の改正によって新しい戸籍の形式に変更するために閉鎖された、**古い形式の戸籍**のこと。「平成改製原戸籍」というものもあるが、これはデータ化された戸籍へ作りかえられたものを指す。ちなみに、手続きの際に「これは原戸籍（はらこせき）ですね」などと言われることがあるが、改製原戸籍謄本を指している

◆戸籍謄本の申請について

申請場所	①**最寄りの市区町村の役所** 戸籍法改正により令和６（2024）年３月から戸籍謄本の広域交付が始まり、本籍地以外の市区町村役場での申請が可能になっている（データ化されていない一部の戸籍謄本を除く。郵送での請求や、司法書士や行政書士などの代理人による請求は、これまで通り本籍地の市区町村役場での請求が必要となる）
申請できる人	①**戸籍に記載されている本人** ②**その配偶者** ③**直系尊属（父母や祖父母）** ④**直系卑属（子や孫）** 相続手続きにおいて、上記以外の人が申請する場合は、利害関係がわかる書類の提示や委任状が必要となる
必要なもの	①**マイナンバーカードや運転免許証、パスポートなどの顔写真付きの証明書**（健康保険証や年金手帳などの顔写真のない証明書では広域交付による戸籍謄本の請求はできない） ②**印鑑**。ただしインキ浸透型のスタンプ印は不可

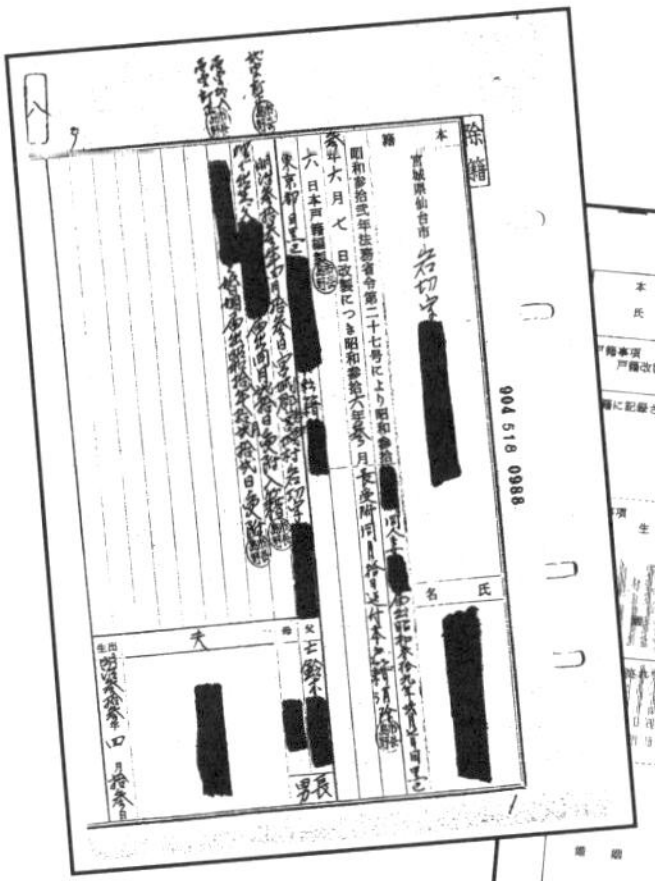

⬆手書き時代の戸籍

⬇現在の戸籍

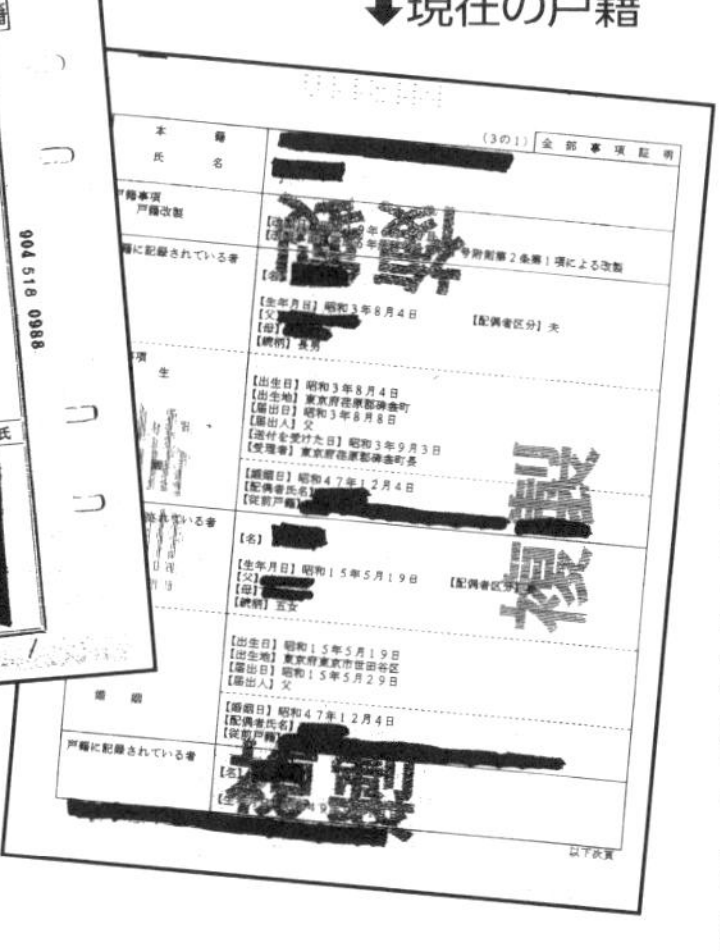

戸籍とは、住民の出生から死亡までを記載しているもので、親子や夫婦などの身分関係を証明するもの。左がデータ化する前の手書き戸籍。現在は右のように、ほとんどがデータ化された戸籍へと作りかえられている。

Q 役所に行けないときはどうすれば？

A 戸籍類は郵送でも取り寄せが可能

本籍地が遠い場合や役所に行く時間がない場合は、郵送でも申請が可能です。その場合は、以下のものを揃えてから各役所に申請します。

1	各役所のホームページからダウンロードし、記入した申請書
2	自分の住所や宛名を書き、切手を貼った返信用封筒
3	郵便局の定額小為替
4	マイナンバーカードや運転免許証、パスポートなどの顔写真付きの証明書のコピー
5	請求理由や使用目的を記した書類
6	代理で申請する場合は委任状

コンビニ発行は、事前登録をしていないとダメ

平成28（2016）年から、マイナンバーカード（または住民基本台帳カード）を使って、全国のコンビニエンスストア等で戸籍証明書を交付できるサービスが一部の市区町村で始まりました。

しかし、利用者がマイナンバーカード（または住民基本台帳カード）を取得していないとサービスが受けられないほか、**本籍地の市区町村に事前に利用登録申請をしていなければ利用できません。**利用の際は、注意しましょう。

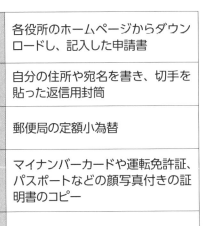

郵送による戸籍全部事項証明書等の交付請求書

○○○○○　市区町村長　殿　　　　令和 05 年 00 月 00 日

請求者	住所	〒 166 — 0000　東京都杉並区○○町1-1-1	
	フリガナ	タナカ　イチロウ	※昼間連絡可能な電話番号 自宅 03 - 1234 -5678 携帯 090 - 1234 -5678 会社　－　－
	氏名	田中　太郎　㊞（法人のみ） 生年月日（明・大・㊐・平）　44年10月1日	
	筆頭者から見た関係（○をつけてください）　本人・夫・妻・(子)・孫・父母・祖父母・その他（　　）		
必要な戸籍	本籍	東京都杉並区○○町一丁目00番地	
	筆頭者	田中　太郎 生年月日（明・大・(昭)・平・令）　19年　8月　1日	

証明書の種類	謄本	抄本	必要な方のお名前	手数料
戸籍	1　通	通	太郎	1通　450円
除籍	通	通		1通　750円
改製原戸籍	通	通		1通　750円
身分証明書	通			1通　400円
附票	通	通		1通　400円
	※必要な住所があればご記入ください→（　　）から（　　）までが記載された附票			
その他証明書	通	（必要な証明の種類：　　）		
※最近、戸籍に関する届出をされた方はご記入ください（　　）届を（　　）役所に（　年　月　日）に届出				

使いみち・提出先

使いみち　　　　提出先

相続手続きのため

※相続などで内容がわかっているときはご記入ください

（お名前　田中　太郎　　続柄　父　　）が死亡したことによる手続きで

●死亡した人について→死亡の記載があるものが（ 1 ）通必要

→出生までさかのぼったものが（各　　）通必要

●（　　）と（　　）の関係がわかるものが（　　）通必要

※戸籍謄本のほかに、除籍謄本や附票も取り寄せることができる。

◆印鑑登録証明書

印鑑登録証明書	**公正証書遺言を作成したり、遺産分割協議書などを提出する際に使用される**。これらの書類には実印を押印するが、その印鑑が実印であることを証明するために、印鑑登録証明書の提出を求められる。印鑑登録証明書は、あらかじめ印鑑登録をし、「印鑑登録証（もしくは印鑑登録カード）」を発行してもらわなければ発行することができない

◆印鑑登録証明書の申請について

申請場所	①**市区町村の役所や行政サービスセンターなど** ②自治体によって役所以外でも取得できる ③コンビニエンスストアでの交付も可能だが、マイナンバーカード（または住民基本台帳カード）を取得し、利用登録申請をしていなければできない。郵送による請求もほぼできない
申請できる人	①**印鑑登録証（印鑑登録カード）を持っていれば、本人以外でも申請が可能** 代理人でも委任状は必要なし
必要なもの	①**印鑑登録証（印鑑登録カード）** 登録した印鑑を持参する必要はない。印鑑登録証（印鑑登録カード）がなければ、たとえ本人であっても証明書は発行してもらえない

POINT

実印、銀行印、認印の違い

実　印 ▶ 印鑑登録をしている印鑑のこと。

銀行印 ▶ 金融機関での預貯金口座開設や出納に使用する印鑑のこと。

認　印 ▶ 印鑑登録をしていない印鑑のこと。

◆住民票

住民票（除票）	**個人を単位として住民の氏名、住所等を記録した書類**のこと。戸籍が「人の身分関係を公証するもの」であるのと同様に、住民票は「住民の居住関係を公証するもの」。市区町村ごとに住民基本台帳にまとめられている。相続手続きの際は、亡くなった人の最後の住所地や住所変更の経緯を確認するために用いられる。住民票で住所変更の経緯が確認できない場合は、戸籍（除籍）の附票の写しを求められることがある

◆住民票の申請について

申請場所	①**市区町村の役所や行政サービスセンターなど** ②自治体によって役所以外でも取得できるほか、郵送でも請求ができる ③コンビニエンスストアでの交付も可能だが、マイナンバーカード（または住民基本台帳カード）を取得し、利用登録申請をしていなければできない
申請できる人	①**本人、もしくは同一世帯員** 同じ建物に住んでいる場合でも、親世帯や子世帯のように、世帯を別にしている場合や、まったくの第三者が申請する場合は、委任状が必要となる
必要なもの	①**マイナンバーカードや運転免許証、パスポートなどの顔写真付き証明書** ②顔写真付き証明書を持っていない場合は、年金証書など官公署発行の書面や健康保険証のうち２つ以上の書面が必要 ③第三者の場合は委任状

Q 手続きを第三者に任せたいときは？

A 委任状を作って、他人にお願いする

難しい手続きなど、第三者に事務処理を任せることを「委任」といい、委任を証明する書類を「委任状」といいます。これは基本的に各自で用意する書類です。**用紙や書式は問わず、必要要素さえ記載していればパソコンで作成した書類でも、手書き書類でも認められます。**

委任状

タイトルを「委任状」とする。

代理人をはっきりさせ、代理人の住所と氏名などを記入。

代理人　東京都中野区中野00番0号

高橋純一

（昭和42年2月22日生）

私は、上記の者を代理人と定め、住所の異動に関する下記の権限を委任します。

何の権限を委任するのか記入。

パソコンで作成したものでも、手書きでもOK。

記

一.「世帯合併・世帯分離・世帯一部変更・世帯主変更届」に関すること

一.　○○○○

一.　○○○○

委任事項を記載し、複数委任するのであれば、別に項目を立てて記入。

作成した日を日付にする。

令和6年1月00日

東京都杉並区○○町1-1-1

田中一郎

委任者の住所や名前を記入し、印鑑（実印。実印でないと書類が認められないことがある）を押す。

実印

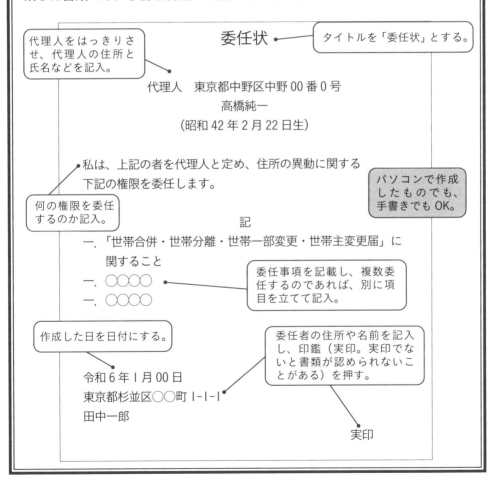

第1章

看取り～初七日までの流れと手続き

家族が亡くなると親戚・知人への連絡や葬儀社探し、通夜、葬儀・告別式など慌ただしい日を送ります。とはいえ、その中であっても法的な手続きを忘れてはいけません。

これに沿えば安心
初七日から一周忌までにやるべきこと

経過	やるべきこと	解説
余命宣告	□ 葬儀社探し	42 ページ
↓		
危篤	□ 家族や身近な人に連絡	27 ページ
↓		
	□ 死亡診断書の受け取り	32 ページ
死亡・遺体の一時安置	□ 葬儀社、宗教者へ連絡	31 ページ
	□ 親族、友人、知人、会社関係者などに逝去の第一報	35 ページ
↓		
死亡から 2～3時間 もしくは翌朝	□ 喪主決定	35 ページ
	□ 葬儀社との打ち合わせ	51 ページ
遺体の搬送 遺体の安置	□ 通夜、葬儀・告別式の日取りを決定し、関係者に連絡	60 ページ
↓		

経過	やるべきこと	解説
死亡の翌日からおおよそ1週間内 通夜	**死亡から7日以内** □ 死亡届の提出（死亡を知った日から7日以内）	36ページ
	□ 埋火葬許可証の受け取り	37ページ

通夜の翌日 葬儀・告別式		
葬儀・告別式と同日 出棺 火葬・お骨上げ	□ 火葬場に埋火葬許可証を提出、火葬済印付きの埋火葬許可証を受け取る ※葬儀・告別式の前に火葬を先に行う地域もある	70ページ
葬儀・告別式と同日 繰り上げ初七日法要 会食（精進落とし、お斎）		
葬儀・告別式と同日 遺骨の安置		

経過	やるべきこと	解説
死亡から7日目 初七日 ↓	□ 各種支払いや香典整理	72 ページ
	□ 忌明け法要（四十九日）と納骨の相談	76 ページ
	□ 世帯主変更届（世帯主に変更が生じた日から14日以内）	80 ページ
	□ 健康保険証の返納（すみやかに）	82 ページ
	□ 遺族の健康保険の加入手続き（死亡から14日以内。社会保険に加入している家族の扶養になる場合は5日以内）	82 ページ
	□ 年金受給の停止手続き（厚生年金は死亡から10日以内、国民年金は死亡から14日以内）	84 ページ
	□ 介護保険資格の喪失手続き（すみやかに）	25 ページ
	□ 銀行口座の凍結や、電気や水道といったライフライン、クレジットカードの解約 or 名義変更など（すみやかに）	90 ページ
	□ 遺言書を探す	144 ページ
	□ 相続人の調査	150 ページ
	□ 相続財産の調査	156 ページ

経過	やるべきこと	解説
死亡から 49 日目 忌明け法要（四十九日） 納骨式	□ 香典返し	75 ページ
↓	**死亡から 3 カ月以内**	
	□ 相続放棄	152 ページ
	↓	
	死亡から 4 カ月以内	
	□ 準確定申告	94 ページ
	□ 故人の事業の承継	108 ページ
	↓	
	□ 遺産分割協議および 遺産の分割	158 ページ
	↓	
	死亡から 10 カ月以内	
	□ 相続税の手続き	186 ページ
死亡から約 1 年後 一周忌法要		

ゆっくりしてはいられない

死亡～2週間以内に必要な手続き

健康保険は、亡くなったのが夫（被保険者）で自分がその妻（被扶養者）の場合、**夫の死亡により妻は健康保険の資格を失います。そのため健康保険加入の手続きが必要となります。**

すぐに、もしくは今後も仕事に就かないときは、夫の死亡から14日以内に妻は単独で国民健康保険に加入することになります。社会保険に加入している家族の扶養になる場合には、5日以内に加入手続きを行いましょう。

◆死後2週間以内に必要な手続き

死後	手続き内容	解説
7日以内	・死亡届の提出 ・埋火葬許可証の受け取り	36ページ 37ページ
10日～14日以内 ※厚生年金は死亡から10日以内、国民年金は死亡から14日以内	・年金受給の停止手続き	84ページ
14日以内	・世帯主の変更手続き ・遺族の健康保険の加入手続き ※社会保険に加入している家族の扶養になる場合は5日以内	80ページ 82ページ
すみやかに	・埋葬許可証の受け取り ※火葬後、火葬場より火葬済証明印をもらって受け取る ・介護保険資格の喪失手続き	37ページ

Q 被保険者とは誰を指しますか?

A 保険の対象者のこと

保険や相続など、手続き関係では被保険者、被扶養者、被相続人など「被◯◯」という言葉が頻繁に出てきます。ここでは亡くなった人を夫、遺族を専業主婦の妻と高校生の子どもで説明しましょう。

健康保険に加入し、給付を受けることができる人を「被保険者」といいますが、この場合は夫が「被保険者」です。配偶者である妻と高校生の子どもは、夫の収入により生計を維持されているので「被扶養者」と呼ばれます。

また、「被相続人」という言葉もありますが、これは財産を遺して亡くなった人のことを指します。この場合、夫は被相続人となり、妻と子どもは相続人と呼ばれます。

POINT

被保険者証の返却を

“被保険者証”いわゆる保険証は、本人が亡くなった場合はすみやかに返却します。例えば「介護保険被保険者証」、つまり介護保険証を故人が持っていた場合は、**すみやかに各市区町村の役所に保険証を返却**します。その際は、「介護保険資格取得・異動・喪失届」と介護保険証、印鑑、死亡を証明するための戸籍謄本が必要な場合があります。

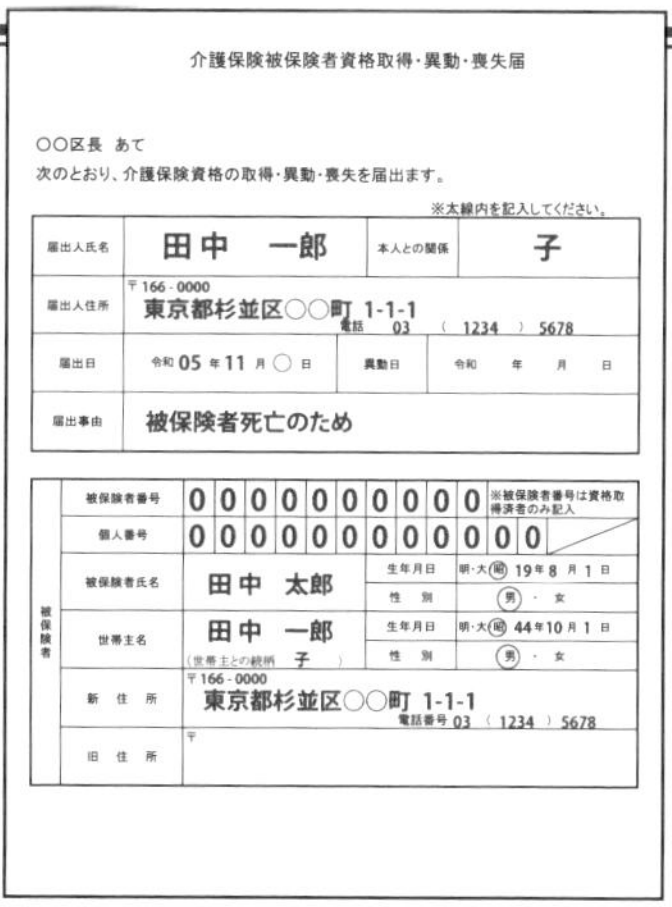

介護保険被保険者資格取得・異動・喪失届

○○区長 あて
次のとおり、介護保険資格の取得・異動・喪失を届出ます。

※太線内を記入してください。

届出人氏名	田中 一郎	本人との関係	子
届出人住所	〒166 - 0000 東京都杉並区○○町 1-1-1 電話 03 （ 1234 ） 5678		
届出日	令和 05 年 11 月 ○ 日	異動日	令和 年 月 日
届出事由	被保険者死亡のため		

被保険者	被保険者番号	0000000000	※被保険者番号は資格取得済者のみ記入	
	個人番号	000000000000		
	被保険者氏名	田中 太郎	生年月日	明・大・㊒ 19 年 8 月 1 日
			性別	㊚・女
	世帯主名	田中 一郎（世帯主との続柄 子）	生年月日	明・大・㊒ 44 年 10 月 1 日
			性別	㊚・女
	新住所	〒166 - 0000 東京都杉並区○○町 1-1-1 電話番号 03 （ 1234 ） 5678		
	旧住所	〒		

お別れが近づいてきた
危篤から死去

死期が迫ってきたら葬儀社を検討

突然、倒れて亡くなってしまった場合は別ですが、余命宣告を受けたら葬儀社を検討しておいてもよいでしょう。

「まだ亡くなってもいないのに、話をつけるなんて不謹慎では？」と思う人もいますが、病院で亡くなった場合、遺体の搬送は通常、死後2〜3時間、夜に亡くなった場合でも翌朝には自宅や斎場などへの搬送を余儀なくされます。

看病しながら葬儀のことを考えるのは精神的に負担ですが、死後はすぐに葬儀社の力が必要になります。

事前に葬儀社を検討するメリットには、金額面や葬送の内容を葬儀社と詰められる点が挙げられます。葬儀にあまり金額がかけられない場合は、比較検討もできるでしょう。

危篤のときは深夜でも身近な人に連絡を

医師から危篤を告げられたら、家族や親戚に連絡を入れますが、一般的に**危篤の連絡をするのは三親等以内の親族**に対してといわれています。また、特に最期にひと目会わせておきたいと思う友人や知人にも忘れずに連絡を入れるようにしましょう。

なお**危篤の連絡は、早朝でも深夜でも失礼にはあたりません。**

◆危篤連絡の手順

1	「○○の長男の△△と申します」というように、危篤の人と自分の続柄を伝える
2	入院中の場合は、病院名と病院の電話番号、病院までの交通手段、病室番号を伝える
3	家族の携帯番号など連絡先を伝える
4	電話をしたあとに、2と3をまとめたメールを送っておくとよい

Q 不仲の親戚への危篤連絡は?

A 危篤時ではなく、訃報で知らせても

特に不仲になっている親戚には、「本人の希望で最期家族だけで看取った」という旨を伝え、危篤時点ではなく「訃報」で亡くなったことを知らせることも。また妊娠中や病気、遠方に住んでいるという理由だけでお知らせしないと、後々トラブルになる場合があります。駆けつけるかどうかは先方が判断することであって、お知らせすべき人には連絡した方がいいでしょう。

三親等内の親族・親等図

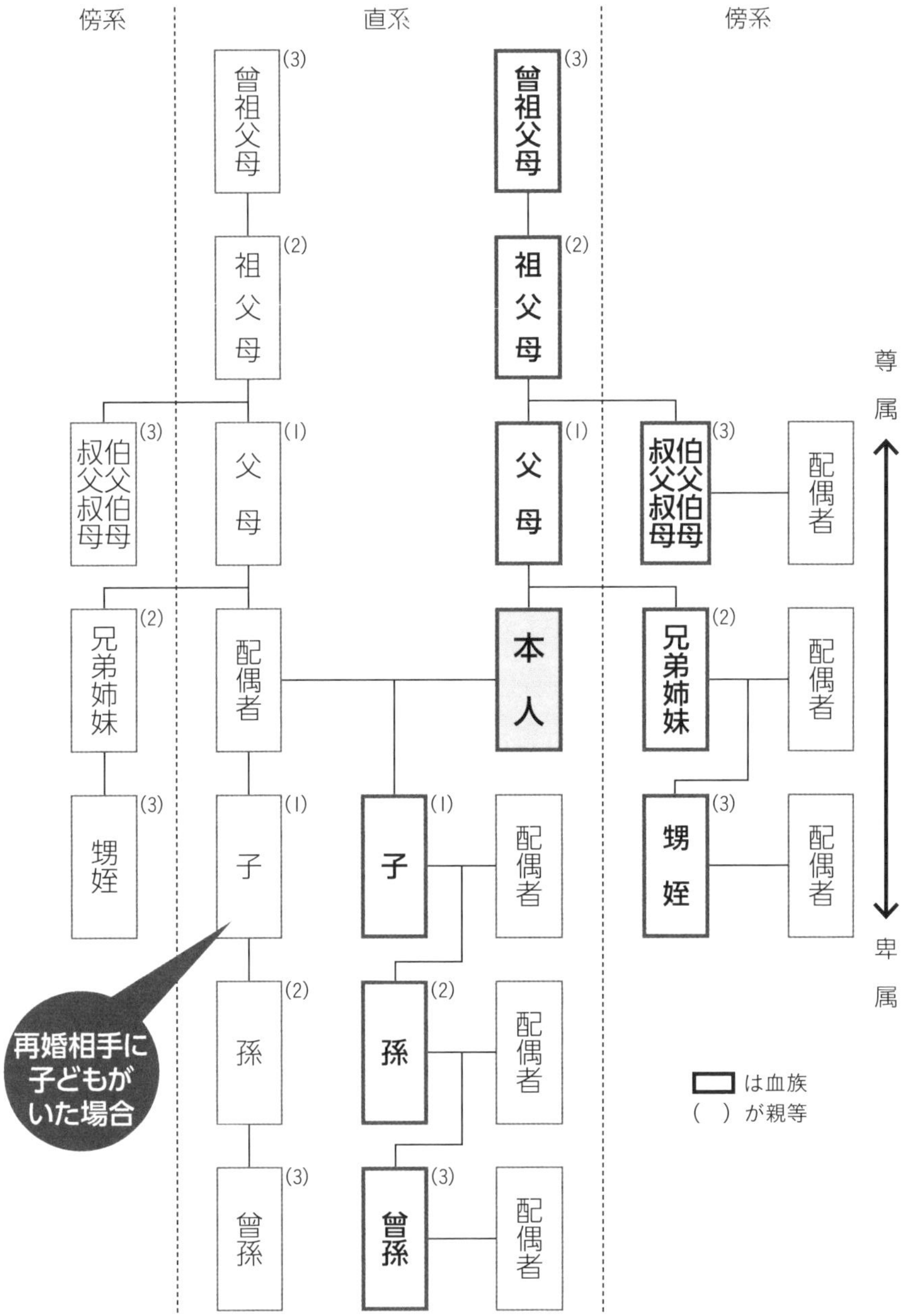

傍系
直系
傍系
曾祖父母 (3)
曾祖父母 (3)
祖父母 (2)
祖父母 (2)
伯父叔父伯母叔母 (3)
父母 (1)
父母 (1)
伯父叔父伯母叔母 (3)
配偶者
兄弟姉妹 (2)
配偶者
本人
兄弟姉妹 (2)
配偶者
甥姪 (3)
子 (1)
子 (1)
配偶者
甥姪 (3)
配偶者
孫 (2)
孫 (2)
配偶者
曾孫 (3)
曾孫 (3)
配偶者
再婚相手に子どもがいた場合
尊属
卑属
は血族
(　) が親等

自宅療養の場合はかかりつけ医に連絡

自宅療養中に危篤になった場合は、**すぐにかかりつけ医に連絡**しましょう。死亡が確認されたら、その場で医師が死亡診断書を発行してくれます。**持病がなく、突然倒れた場合は119番に電話します。**病院に搬送され、警察の検視と医師の検案後、死体検案書が発行されます。

海外で危篤となり亡くなった場合は、一般的には現地で荼毘《だび》に付し（火葬し）、遺骨で持ち帰ることが多いようです。その際は、現地で発行された死亡診断書や火葬許可証を必ず持ち帰りましょう。

海外から遺体で搬送する場合は、現地の葬儀社に防腐処理（エンバーミング）をしてもらい、「エンバーミング証明書」を発行してもらいます。また、現地の医師が発行する死亡診断書を受け取り、日本大使館や日本領事館で埋葬許可証を発行してもらいます。もちろん、故人のパスポートも必要です。

帰国後に遺体を自家用車で運ぶことを禁止する法律はありません。ただし業務として遺体を搬送できるのは国土交通大臣により「一般貨物自動車運送事業」の認可を受けている事業者に限られているため、タクシーなどで運ぶことはできません。

霊柩車のように遺体の搬送を目的として事業許可を申請する場合、車両が特殊用途自動車に分類され、トラック運送などの一般貨物自動車運送事業とは違って「認可を受けた都道府県内でしか業務を行えない」などの制限が課せられます。

遺体とエンゼルケア

病院や介護施設で亡くなった場合は、スタッフによってエンゼルケアが行われます。エンゼルケアは、**アルコールを使った清拭《せいしき》（身体を拭くこと）が一般的です。**

清拭のあとは髪を整え、男性ならヒゲを剃ったり、女性なら化粧をしたりしてエンゼルケア（死化粧）を施します。それ以外にもエンゼルケアでは、亡くなった人の体液が出ないように耳や鼻の穴に脱脂綿で詰め物をしたり、闘病生活で頬がこけてしまった人には両頬に詰め物をしてくれたりする場合もあります。

またエンゼルケアの際には、「末期の水」あるいは「死に水」をとることもあります。末期の水は転生（よみがえり）を願う儀式で、新しい筆や割り箸の先に糸で結びつけた脱脂綿に水を含ませ、亡くなった人の唇を軽く湿らせます。これらは医療保険（介護保険）外サービスとなるので、自費扱いとなります。

エンゼルケアは医療行為ではないため資格は必要ありませんが、亡くなった人の体液が出ないように耳や鼻の穴に脱脂綿で詰め物をしたり、闘病生活で頬がこけてしまった人には両頬に詰め物をしたりするといったことも行うため、専門のスタッフに任せたほうがいいでしょう。故人が自宅などで亡くなった場合のエンゼルケアについては、葬儀社や専門の業者に相談してみましょう。

◆死亡の際に用意しておきたいもの

1	病床についていた人の着替え（お気に入りの洋服や着物でも OK）
2	現金（入院費の清算、遺体搬送費用、タクシー代など）

POINT

亡くなったとはいえ、病院を出るときは「退院」

病院やそのほかの施設で亡くなった場合、そこを出るときは「退院」もしくは「退所」となります。どんな人であれ、いったん病気などとの闘いは終わったのですから、できるだけキレイな格好や好きだった格好で退院、もしくは退所をさせてあげたいものです。

また退院となるため、入院費（後日、清算が可能な場合もある）の清算もあります。多少の現金も用意しておくと安心です。

亡くなってから2~3時間後

遺体の搬送

葬儀社に連絡して遺体を搬送

病院で亡くなった場合、遺体の搬送は一般的に亡くなってから2~3時間後に行われます。そのため、それまでに遺体の安置場所を考えなくてはなりません。

亡くなったのが介護施設の場合、介護施設は暮らしの場なので、病院とは異なりすぐに退去する必要がありません。施設によっては数日安置できたり、葬儀を行うことができる場合もありますが、初期対応としてドライアイスで遺体の保全をするために葬儀社を呼ぶ必要があります。

遺体の安置場所としては自宅、葬儀式場の安置室、火葬場の霊安室などがあります。ただし、中には遺体と面会できないところもあるので注意が必要です。特に火葬まで期間がある場合は、面会できるかどうかがポイントとなります。なお葬儀社はほとんどが24時間対応なので、早めに連絡して遺体の搬送手段と安置場所を相談・確保しましょう。

葬儀社が決まっていない場合は、病院が葬儀社を紹介してくれることがあります。ただし、その場合は、搬送のみの依頼であることをはっきりと伝えておきましょう。明確にしておかないと、葬儀もその葬儀社に依頼せざるを得なくなることがあります。

一般的に、病院と特約提携している葬儀社は、葬儀費用も搬送費用（長距離を除き、搬送のみで10万を超えたら高額）も割高なことが多いので注意が必要です。

遺体の搬送には死亡診断書が必要

亡くなると、医師が死因などを記した死亡診断書、あるいは死体検案書（死体検案書は、事故や事件による死亡の際に検視を経て発行される）を発行（左ページ）してくれます。左半分が死亡届になっており、**死亡診断書がないと死亡の届け出ができないばかりか、火葬や埋葬の申請もできなくなる**ため、必要不可欠な書類です。医師から受け取ったら、書類の保管には十分に注意をしましょう。

また、遺体の搬送時には死亡診断書の携行をおすすめします。死亡診断書の携帯は義務づけられているわけではありませんが、万が一遺体の搬送中に車両が事故にあった場合や路上で検問が行われていた場合などで、警察に対して遺体に事件性がないことを証明する必要が生じた場合には死亡診断書が役に立ってくれるでしょう。

遺体の搬送を葬儀社に任せる場合には、遺体を運ぶ葬儀社に書類をいったん預けることもあります。

POINT

遺体の搬送は、自家用車でも可能

遺体の搬送は必ず葬儀社が行うものではなく、遺体を運べる大きさの自家用車があれば、自分たちで搬送することができます。法律上は問題がありません。ただし、死後硬直が始まっている遺体をぶつけて体液が出てしまったり、遺族が気が動転した状態で車を運転するのも大変危険なので、よほどのことがない限り避けたほうが無難でしょう。

◆死亡診断書と死亡届の書き方

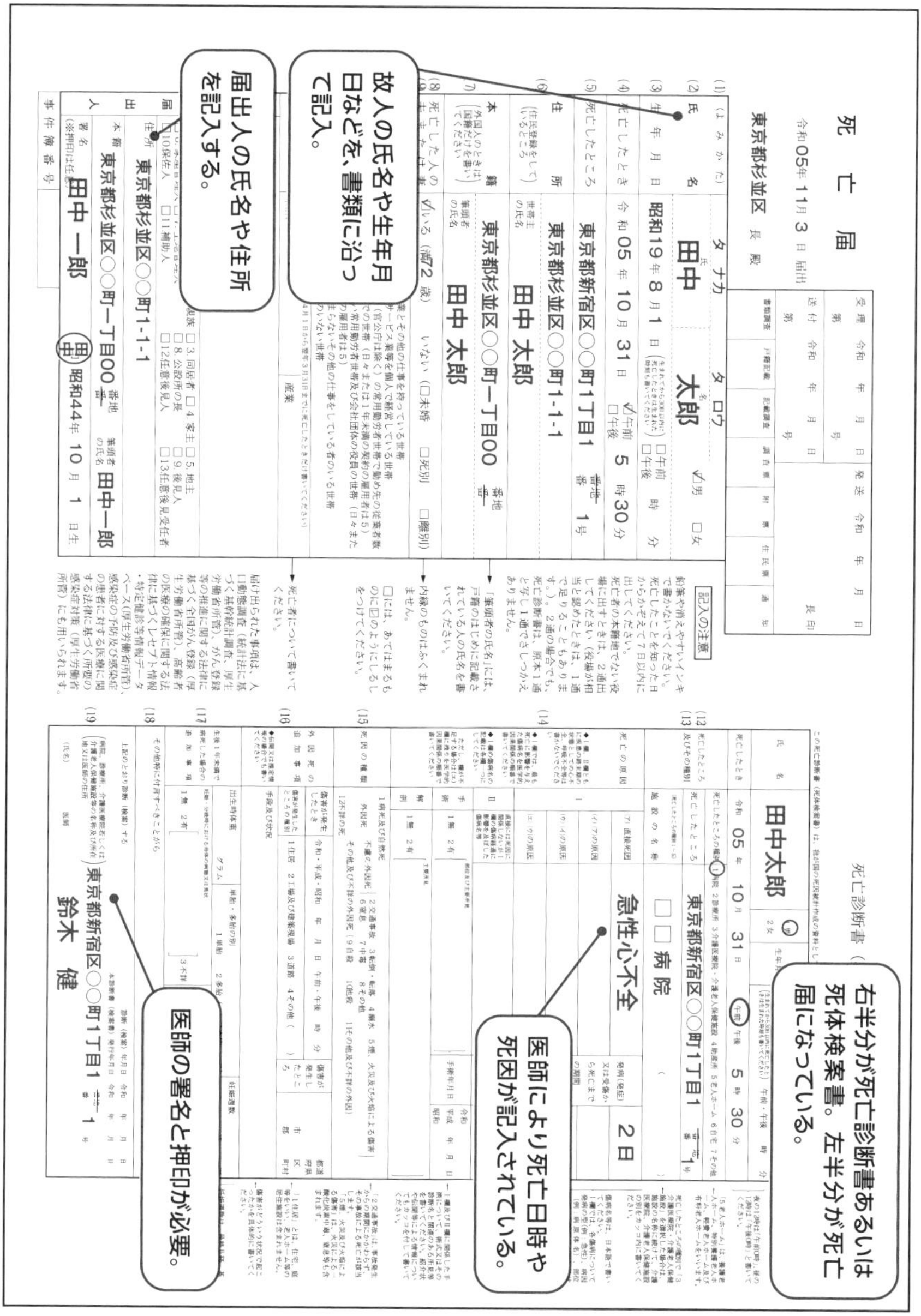
故人の氏名や生年月日などを、書類に沿って記入。
届出人の氏名や住所を記入する。
右半分が死亡診断書あるいは死体検案書。左半分が死亡届になっている。
医師により死亡日時や死因が記入されている。
医師の署名と押印が必要。

面会できるかどうかが大事なポイント

遺体の安置

通称「遺体ホテル」への搬送も増えている

ひと昔前なら遺体の搬送先は自宅が一般的でしたが、現在は住宅問題もあり、**病院から直接自宅以外の安置場所へ移動するケースが増えています。**

安置場所は、火葬場併設の霊安室、葬儀式場の一角にある安置室などがあります。近年は安置を専門に行う葬儀施設、通称「遺体ホテル」もあります。施設に安置する場合は、葬儀社や施設のスタッフが安置場所に枕飾りと呼ばれる祭壇を整えてくれています。いずれにしても、サポートしてくれる葬儀社などのスタッフが指示してくれるので、それに従いましょう。

安置場所を考えるうえでは、面会ができるかどうかという点も重要です。自宅や介護施設の居室、葬儀式場の個室なら面会可能ですが、中には葬儀や火葬の当日まで面会できない安置施設もあります。特に格安プランの場合は、葬儀社指定の安置場所しか使えず、自宅安置ができないケースもあるので要注意です。

POINT

遺体は北枕じゃなくてもいい!?

遺体を安置する際は、頭を北に向ける「北枕」にするという慣習があります。これはお釈迦様の入滅時に頭を北に向けていたことにちなんだもので、故人の極楽往生を願ってはじまったものといわれています。ですが近年では、住宅事情や建物の構造によってできない場合もあり、「北枕」にはこだわらない傾向にあります。

逝去の第一報で伝えるべきこと

遺体の安置前後には、タイミングを見計らってすぐに駆けつけてほしい人にのみ逝去の第一報をします。その際は、以下のように伝えるとよいでしょう。

◆遺体の安置前後にはしておきたいこと

1	葬儀スケジュールは決まっていなくても、すぐに駆けつけてほしい親族、知人、友人、会社関係者に逝去の第一報をします
2	できるならこの段階で喪主決めの相談を

逝去の第一報例

「昨夜、父◯◯が心筋梗塞で亡くなりました。遺体は◯◯斎場に安置しております。面会をご希望の際は、わたくし△△までご連絡ください。電話番号は000-0000-0000です。また、葬儀日程は改めてご連絡をいたします」

早い段階で喪主決めを

亡くなると、葬儀社などと通夜や葬儀のスケジュールを立てますが、予定を焦る前にまずは近親者で「喪主」を決めましょう。喪主は早い段階からいたほうが、さまざまなことがスムーズに進みます。

喪主は妻、夫といった故人のパートナーが務めるのが一般的ですが、パートナーが高齢や病身の場合は、その子どもが喪主を務めることがほとんどです。

また、直系血族が担うのが一般的ですが、夫婦に子どもがいない場合はその兄弟姉妹や甥などが喪主を務めることもあります。

通夜、葬儀・告別式の前に

死亡届

死亡届は7日以内に提出

医師から発行された死亡診断書（もしくは死体検案書）の左半分に必要事項を記入して、**亡くなったことを知った日から7日以内に役所に届け出さなければなりません。**提出期限は戸籍法で定められており、違反すると5万円以下の罰金を科せられる場合があります。

死亡届の届出人になれるのは同居の親族、いなければ親族以外の同居人や同居していない親族、家主などと条件が規定されており、介護施設の施設長や所長も届出人になることができます。なお死亡届の提出は葬儀社が使者として代行してくれます。

誰に必要な手続き？	**遺族に必要な手続き**
いつまで？	亡くなったことを知った日から **7日以内**
提出先は？	・**故人の本籍地や死亡地** ・届出人の現住所の市区町村役所
届出ができる人	・**親族**　・**同居人** ・**家主や地主**　・**家主や土地の管理人** ・**後見人**　・**保佐人** ・**補助人**　・**任意後見人**
注意点	・生命保険などの支払いの際に提出を求められることがあるため、提出前に死亡診断書はコピーを２～３部とっておく ・国外で亡くなった場合は、死亡の事実を知った日から３カ月以内に死亡届を出す

埋火葬許可証は死亡届と同時に申請

亡くなったことを知った日から7日以内に提出をしなければならない死亡届は、夜間や土日祝日でも役所で受け付けてくれます（一部の自治体を除く）。

火葬やそのあとの埋葬については「墓地、埋葬等に関する法律」（墓埋法）で定められており、どちらも埋火葬許可証がなければ行えません。この「埋火葬許可書」が発行されていないと、遺体を荼毘に付すことも埋葬することもできないので注意が必要です。

なおこの墓埋法には、原則として**死後24時間以内の火葬を禁じる**規定があります。これは万が一の場合に、遺体が蘇生する可能性に配慮したものと言われています。

また現在の日本は火葬率が99・99％といわれる世界有数の火葬大国ですが、イスラム教が火葬を禁じている影響もあり、世界ではまだ土葬が行われている地域が数多くあります。

死亡届の提出と併せて、葬儀を滞りなく進めるために必要な埋火葬許可証ですが、葬儀の準備で忙しい中を申請にいくのは大変です。そうした事情も踏まえて、ほとんどの場合は**葬儀社が手続きを代わりに行ってくれます**ので、事前に相談してみるとよいでしょう。

誰に必要な手続き？	**遺族**に必要な手続き
いつまで？	**死亡届と同時に交付申請**すると手続きが簡単
提出先は？	死亡届を提出する**役所**
申請できる人	**死亡届を提出する人**

スムーズに行うための段取り
通夜、葬儀・告別式

誰もが完璧な葬儀をしているわけではない

葬儀というと、通夜、葬儀・告別式だけを思い浮かべますが、それだけではありません。儀式としてのメインイベントだけではなく、臨終から死後の「喪」に至るまでの一連の葬送儀礼であり、**火葬や埋葬、年忌法要のほか、故人の逝去に伴う社会的手続きや遺品整理**もそのうちのひとつです。

喪家《そうけ》としては、すべてにおいてお世話になった故人を温かく、滞りなく送ってあげたいところではありますが、これらはどれも限られた時間の中で準備をし、行われます。誰もが100％完璧な葬儀をしたいと思いつつも、実際は完璧な葬儀など執り行っている人はいません。

ただし、葬儀については少なからず喪家が予算や希望を明確化することは大切です。葬儀社との打ち合わせでわからないことがあれば、その場で解決し、あいまいな判断をしないことも重要でしょう。それが結果的には、故人を温かく送ることにつながっていきます。

POINT

「喪家《そうけ》」と「遺族」の違い

葬儀社と打ち合わせると「喪家」という言葉が出てきます。これは不幸のあった家や死者を出した家族のことを指していいます。関東では「喪家」ですが、関西では「喪家（もけ）」と使われてもいます。「遺族」という言葉もありますが、これと同義語です。

葬儀の考え方は、結婚式と同じ

葬儀というと、なぜか何から始めたらいいか、どうやって考えたらいいかわからなくなる人がいるようです。しかし、**「式」としてとらえると結婚式のそれと考え方は変わりません。**

予算や参列者の人数を考えたり、食事を振る舞うならその内容やレベルも考えどころです。さらに祭壇の周りをはじめ、式場を彩る花などのオプションを考えるのも結婚式と共通するところでしょう。

違う点を挙げるなら、結婚式は十分な準備期間があるものですが、葬儀は突然発生するということです。

葬儀の前に予算、人数、葬儀の形を見極める

まず、葬儀の前に遺族側で予算や人数（規模）、葬儀の形を考えましょう。また、お金をかける、かけないにしても何にかけるのか、何を節約するのかを見極めることが必要です。

例えば、限られた予算の中で祭壇にお花を豪華に飾りたいのであれば、食事などの接待費を抑えるといったことが必要になるでしょう。

◆葬儀を考えるポイント

1	各家庭で予算はそれぞれなので、まずは予算を決めましょう
2	参列者の人数（規模）を見極めます。家族葬を行っても、予定より人数が大幅に超過してしまうと一般葬よりも金額が高くなることがあります
3	30名以下の家族葬にするのか、それ以上の一般葬にするのか、あるいは社葬など、葬儀の形を決めます

儀式費用だけではない
葬儀費用

葬儀の費用は大きく3つ

葬儀にかかる費用は、左の図のように**「葬儀一式（基本）費用」「接待飲食費用」「宗教費用」に分けられます。**そして、この3つの合計が「葬儀費用」といわれているものです。

葬儀社を選ぶ際には見積書を提案してもらうことになりますが、葬儀社が示す見積書とはこのうちの「葬儀一式（基本）費用」の場合がほとんどです。

一般的には、接待飲食費用や宗教費用は費目として入っていないので注意しましょう。特に**格安葬儀をうたう葬儀社の広告には、「接待飲食費用」が入っていないので要注意**です。

POINT

葬儀は出費だけでなく、「香典」収入もある

「香典」の意味は諸説ありますが、食料を持ち寄る相互扶助としての意味合いもあります。そしてこれは、葬儀における収入になります。

また、生命保険に葬儀費用の補助が組み込まれた商品もあり、故人が契約していた場合は、これも収入となります。

葬儀費用を考える際は、支出と収入を差し引いて考えるようにしましょう。

故人との続柄と香典金額目安

祖父母	3～5万円
父母	5～10万円
兄弟姉妹	3～5万円
伯父伯母（叔父叔母）	1～3万円
職場の上司	5000～1万円
職場の同僚	1万円～
職場の部下	5000～1万円
友人・知人	5000～1万円
隣近所	3000～1万円

◆葬儀の費用

葬儀一式（基本）費用
＋
宗教費用
＋
接待飲食費用
＝
葬儀費用

葬儀一式（基本）費用	病院などへの遺体のお迎え・搬送、通夜、葬儀・告別式を行うための物品や人件費などを含めたもの 葬儀社の見積もり
宗教費用	読経料や戒名（法名）料などといわれる、葬儀式を行う宗教者へのお布施や謝礼を指す ・通夜から初七日まで、四十九日など法事の読経料（お布施）は、お寺との親密度や信仰の度合いにより金額が変わり、一概に◯万円とはいえない。お布施については、寺院に費用を直接聞いてみるか、こちらから金額を提示し、確認してみてもよい
接待飲食費用（地域によって慣習は異なる）	料理、飲み物、会葬返礼品を指し、会葬者数（人数）とそれぞれの内容により大きく異なる ①通夜料理はおおむね 5000 円／人。家族葬なら人数分用意するが、一般葬であれば 2 分の 1 以上の料理を用意する 20 名の家族葬の場合、料理 20 名分（10 万円～） 100 名の一般的な葬儀の場合、料理 50 名分以上（25 万円～） ②告別料理もおおむね 5000 円／人 20 名の会葬者の場合、料理 20 名分（10 万円～） 100 名の一般的な葬儀の場合、料理 100 名分（50 万円～） ③会葬返礼品は 1000 円～ 3000 円のお茶やお菓子、カタログギフトがよく利用されている 20 名会葬者で 1000 円の会葬返礼品の場合、2 万円 20 名会葬者で 3000 円の会葬返礼品の場合、6 万円

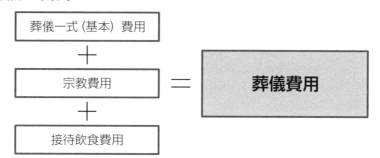

何を基準に探す？
葬儀社選び

◆葬儀社の種類と特徴

専門葬儀社	・葬儀を専門とする葬儀社 ・老舗は全国葬祭業協同組合連合会に加盟しているところが多いが、2000 年代以降の新興葬儀社の多くは加盟していない ・「公益社（燦 HD)」「ティア」「きずな HD」といった上場企業もある
冠婚葬祭互助会	・毎月行っての掛け金を払い込んでおくことで、結婚式や葬儀などのサービスを利用するときに前払い金として充当できるシステムを採用している ・経済産業省の許認可事業 ・互助会の会員以外でも葬儀を依頼することができる
JA	・農協の組合員向けの葬儀サービスだが、一般の利用も可能 ・地域の JA が葬儀の施行を担当している
葬儀仲介会社	・おもにインターネットで集客を行う ・提携先の葬儀社が施行を担当する ・「イオン」や」小さなお葬式」などが代表的

葬儀社は要望に応えてくれるところが一番

葬儀社選びは、時間があるなら見積もりを数種（1社から2種、あるいは数社から1種ずつ）とり、担当者と電話や対面で相談をした上で決めるとよいでしょう。葬儀社選びの第一のポイントは、**遺族の希望や相談に、柔軟できめ細かな対応をしてくれるかどうか**です。

例えば、遠い斎場で葬儀を行って費用を抑えたいという要望と、予算が少しオーバーする程度なら家の近くで葬儀を行ってもよいという2つの要望が遺族側にあったとき、1社で2つの見積もりを出してくれる葬儀社が優良といえます。実際、ある葬儀社では、費用は安くなるけれど遠い場所の公営斎場と、費用は少し高くなるけれど自宅の近くで葬儀ができる斎場を提案した例がありました。結局、依頼者は移動の負担も少ない自宅近くの斎場での葬儀を選択したといいます。

このように、葬儀社は遺族の事情をくみ、要望に応えた提案をしてくれるところが一番です。一方的に話を進めたり、葬儀実績を見せてくれなかったり、見積もり内容をちゃんと説明してくれない葬儀社との契約は考えものです。

◆葬儀社を選ぶための5つのポイント

1	一方的に話を進めて、契約を急いでいないか
2	こちらの疑問や相談、要望に丁寧に応えてくれる、提案してくれるか
3	見積もりは明瞭で、内容を説明してくれるか
4	葬儀実績を見せてくれるか
5	できること、できないことをはっきりと言ってくれるか

いったい何がどう違うの？
葬儀の種類

◆葬儀の参列者や規模による違い

従来の伝統的なスタイルの葬儀

一般葬

家族や親族だけでなく、故人を知る親しい友人や知人、仕事関係の人や会社関係者も参列するスタイルの葬儀。従来から行われてきた、文字通り一般的な形の葬儀を指す。葬儀社では、参列予定者が 300 名以下の葬儀を指す場合が多い

ポイント

・会葬者を特定しないので、故人とつながりのあった友人、仕事関係者、ご近所など幅広い人に参列してもらうことができる
・会葬者に向けた通夜振る舞いや返礼品が必要となるため、手間と予算が大きくなる

数万人規模の大規模葬儀になることも

社葬・合同葬

「社葬」「団体葬」は企業に多大な功績のあった人などに対して会社が主体となって行う葬儀のこと。「合同葬」は企業と遺族が一緒に営む葬儀を指す

ポイント

・企業に貢献のあった人の葬儀として行われるもので、取引先を含めた会社関係者が数多く参列するため、一般葬に比べて規模が大きくなる場合が多い
・組織実行委員会が立ち上げられ、遺族代表の喪主と打ち合わせしながら運営される

首都圏では6割以上といわれるスタンダード形式

家族葬

故人の家族や近親者など、ごく親しい人たちだけで営む少人数規模の葬儀。親族が中心のため会葬者に過度に気を使う必要がなく、参列する人数も限られているため、控えめな予算で葬儀を済ますことができる。都市部を中心に人気のスタイルとなってきており、首都圏では約6割がこのスタイルで葬儀を行っているといわれている

ポイント

・参加人数が小規模な葬儀であるため、遺族にとっては精神的にも金銭的にも負担が少ない

・故人とゆっくりお別れをする時間を持てる一方で、葬儀があることを知らずに参列できなかった知人や遠くに住む親戚が、後日喪主の自宅に弔問に現れるといった例もある

POINT

「家族葬」と「密葬」の違いって何?

「密葬」とは、近親者以外に閉じられた葬儀のこと。「後から本葬を行うことが前提」と解釈されている場合もありますが、それも含めて内々で行われる葬儀全般を指します。

近年は「密葬」に代わり、近親者とごく親しい人が集まって行われる葬儀に対して「家族葬」という言葉が広く使われています。葬儀の規模は、家族数名から30〜40名までさまざま。親しい範囲は個々で考え方が異なるので、葬儀の前に家族でよく話し合っておくことが大切です。

◆費用と時間がコンパクトにまとまる葬儀

1日で火葬まで済ませる 一日葬	火葬だけの葬送 直葬
従来の葬儀では通夜の翌日に告別式を行う流れだったが、その通夜を省略して火葬までを1日で行ってしまうコンパクトなスタイルの葬儀。宗教関係者による葬儀は行いつつ費用と時間を抑えられるメリットがあり、故人ともゆっくりお別れができることから人気が高まっている **ポイント** ・時短で費用を抑えられる反面、1日しかないため参列者が予定を調整しにくい面もあります ・一日であっても式場費用が二日分必要であるなど、大幅に費用が軽減されるわけではない	死後に遺体を直接火葬場に運んで火葬・拾骨して終える葬送方法のことをいう。火葬場の炉のまえで宗教者を呼んで簡単な儀式をする場合もあり、葬儀社によっては「火葬式」「炉前式」などと呼ぶこともある **ポイント** ・通夜や葬式を省略しているため、費用と時間の面ではかなりコンパクトに抑えられる ・格安プランでは安置場所を指定されたり、面会不可の場合もある

POINT

「直葬」の費用相場は12万円~30万円程度

費用面で抑えられる点が魅力の「直葬」ですが、実際の相場は12万円～30万円程度といわれています。ただし、この金額には僧侶などによる炉前式の費用（お布施やお車代など）や遺族が利用する移動用の車両代、火葬中の控室の料金などは含まれていません。加えて遺体を搬送する距離が長い場合の料金や火葬予定日まで日数がかかる場合にかかる遺体安置施設の費用、遺体保存用のドライアイスなども含まれていないため、オプションを加えるほどに料金が加算されるので注意しましょう。

◆故人や遺族が信仰する宗教による葬儀

日本古来の伝統的様式 **神道葬**	お馴染みの葬儀スタイル **仏教葬**
「神道」の様式に則った葬儀が行われる神道式（神式）。神式の葬儀を代表する儀式として、神道において神聖な植物であるとされる榊を故人に捧げる「玉串奉奠（たまぐしほうてん）」などがある **ポイント** ・神道では「故人の霊はとどまって家を守る」と考えるため、「冥福を祈る」という言い回しは使えない、数珠は使わないなど、神道独自の作法があるので注意が必要	「お葬式」と言われて日本人の誰もが思い浮かべるであろうお馴染みの仏教式（仏式）。通夜やお焼香などの様式も仏教式が由来のものが多い。僧侶に読経してもらい、故人の来世の幸福を祈る **ポイント** ・すでに作法を知っている人が多く、葬儀が安心感をもって進行する ・お布施の額などで寺院ともめる場合もある
制約なしに自由にお別れができる **無宗教葬**	祈りと歌が捧げられる欧米式のお別れ **キリスト教葬**
特定の宗教宗派にとらわれない「無宗教」。そうしたスタイルは葬儀にも反映されており、特定の宗教・宗派の儀式を必要としない「無宗教」の葬儀が行われることもある **ポイント** ・特定の宗教・宗派にとらわれないため、故人の遺志や家族の希望を最優先に葬儀を行うことができる ・特に葬儀の決まりがないため、葬儀社の企画力、提案力によるところが大きい	キリスト教の葬儀は祈りと礼拝が主であり、葬儀社が主導して進行を行うことはない。亡くなった後も、遺族側で関係者と祈りの場を設けることが大切とされている。葬儀では日本の焼香に準じて献花が行われる **ポイント** ・葬儀では聖書の朗読と説教が行われるが、カトリックでは聖職者を「神父」と呼び、プロテスタントでは「牧師」と呼ぶなど、作法等に違いがあるので注意が必要となる

自分の宗教・宗派を再確認

寺院・戒名の手配とお布施の準備

葬儀の前に宗教・宗派を確認

普段は自分の家の宗教・宗派を意識していなくても、葬儀の前には確認し、把握しておくことが必要です。

葬儀の多くは宗教者が中心となって行う宗教儀礼ですから、**宗教が違えば当然葬儀のスタイルも変わってきます。またたとえ同じ仏教であっても、宗派が違うと儀礼や作法が違ってきます。**

こうした宗教・宗派については、葬儀を行う前に葬儀社にも伝えなくてはいけません。

菩提寺と縁が切れているということであれば葬儀社に相談すれば、寺院を紹介してくれます。

ですが、自分とは縁が薄くなっていても故郷の本家ではお世話になっている菩提寺があるなどといった場合は、故人の葬儀を担当する僧侶ついて、菩提寺に念のため確認をすることが必要になるかもしれません。

POINT

仏教では清めの塩は不要？

会葬御礼に「清め塩」が入っていますが、仏教では、生と死はひとつの世界にあり、死は穢れではないため、実は「清め塩」を用いることは教義に反するとして、清め塩を入れないケースもあります。

とはいえ、長年の風習もあるため葬儀社では喪家の意向を組んで、仏式葬儀でも「清め塩」を用意することが多いようです。

故人に戒名を授けてもらう

自分の家の宗教・宗派の確認がとれたら、葬儀を担当してくれる宗教者の手配をしなくてはなりません。家の宗教が仏教であるなら、葬儀を担当してくれる僧侶のスケジュールを確保するのと同時に、僧侶にお願いして故人に戒名をつけてもらうことも必要になります。

戒名は本来、仏門に帰依したものが授かる仏弟子としての名前のことを指します。ですが現在は、仏式の葬儀では弔われる故人が必ず授かるものとなっています。

戒名をつけてもらうためには、家族が亡くなったらすぐに菩提寺の僧侶に依頼することが必要です。菩提寺が遠方にあって葬儀を別の寺院が担当するような場合でも、戒名をつけてもらうのは菩提寺にお願いします。

なお戒名を授かると、その感謝の気持ちとしてお礼を納めることになります。このお礼の額は菩提寺との関係性なども影響して変わってきますが、**一般的には約20万円からで、院号や位号などの位が高い場合は100万円を超えることもあります**ので、菩提寺の僧侶とよく相談してつけてもらうことが大切です。

お布施の確認も大事なポイント

僧侶と戒名が決まったら、僧侶のお布施についても確認しておきましょう。お布施とは元来、仏教への信仰心を形で表したものです。そのためお布施は「払う」ではなく、「包む」「納める」という表現を用います。

お布施の相場はお寺や法要の種類によっても変わってきますが、**葬儀のお布施については20～40万円が目安だといわれています。**しかしこれは必ずしも決まった金額というわけではないので、僧侶に直接相談してみるのもいいかもしれません。

いくらくらい必要なの？
葬儀費用

葬儀費用の平均は約162万円

日本消費者協会が行っている「葬儀についてのアンケート調査」によると、**葬儀費用の全国平均は約162万円**（2021年度の調査結果）とされています。

新型コロナウイルス流行前の2017年〜2019年に行われた調査の平均額が約178万円だったので、数値としては下がってはいるものの、この金額を高いとみるか安いとみるかは、実際のところは**葬儀を行う施主によって評価が変わってくる**ところです。

また、葬儀の規模や葬送の形によっても金額に開きがあるため、一概にこの金額が高い、もしくは安いともいえません。

私たちはついつい平均や標準を気にしてしまいますが、**もっとも大切なことは故人の遺志や遺族の想いに沿った葬儀をすることです。**

また、葬儀費用は出費ばかりに目が奪われてしまいがちですが、実は香典や保険（葬儀費用が支払われるもの）といった「収入」もあります。そのため施主は、会場や会葬者数といった自分たちの条件を考えつつ、出入金も踏まえて予算を見極めることが重要です。

葬儀社との葬儀相談と見積もり手順

ほとんどの人が施主（喪主）として葬儀社とやりとりし、葬儀準備を進めるのは初めての経験です。

◆葬儀を依頼するまでのプロセス

探す

①予算をたて、新聞やチラシ、ネットなどで葬儀社を探す。

↓

電話する

②電話で相談をする。

↓

見積りをもらう

③会社案内と見積もりをもらう。

↓

直接会う

④担当者と直接会って見積もりの説明を聞くと同時に、担当者の人柄や対応力を見極める。

わからないことがあるのは普通ですから、疑問点はすべて葬儀社に質問して、きちんと解決しておくことが大切です。

また、なんでも葬儀社任せにせず、施主が判断することも必要です。ここで人任せにしていると、我が家には不要な項目まで頼んでしまったり、逆に必要だった移動車などを頼み忘れたりといったことも起こります。

菩提寺ともしっかりやりとりを

菩提寺がある場合は、住職とよくやりとりをして進めましょう。

宗派には宗派なりの葬儀のしかたがありますが、**地元の菩提寺は、そこに寺の独自性や地域性を取り入れた葬儀を行ってくれます。**

当然ながら住職のほうが経験豊富で葬儀というものをよく心得ていますから、サポーターと考えて相談しながら進めましょう。

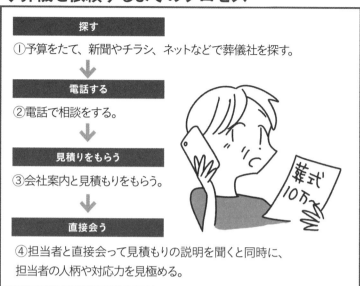

見積もりを確認するときのポイント

まずは、全体的なことに注意を！

1	葬儀見積書は、各葬儀社によってそれぞれ書式も、費目の並べ順も異なります。また、費目名なども違います（①）
2	葬儀社の見積書は通常、「葬儀一式（基本）費用」が一般的です。会葬者返礼品や通夜・葬式で振る舞われる料理などの「接待飲食費」がどうなっているか注意しましょう（②）
3	式場使用料、火葬料、火葬場休憩室（火葬が別の施設の場合）などの施設費用は、当日、施主が施設に直接支払うのが通例です。また、葬儀式場と火葬場が別施設の場合は、オプション項目にあるマイクロバスの手配も必要でしょう（③）
4	葬儀社の見積書にはお布施（仏式）や祭祀料（神式）などの「宗教費用」は含まれていません。葬儀費用を考える際は、この費用も忘れずに加えましょう
5	葬儀社の見積書は、あくまでも施主の希望や予定に基づく参考的な費用です。安置の期間が延びたり、当日参列者の増減があったりした場合など、それに応じて見積額が変動します

Q 「葬儀プラン」の内容は?

A 最低限の葬儀一式費用のみ

「◯◯葬プラン」といったセットには「葬儀一式（基本）費用」以外はほとんど含まれていません。「接待飲食費用」「宗教費用」「式場使用料」は別料金なので注意が必要です。施主側が会葬者数などを見極めていないと、安く抑えようとプランを利用したのに予想外の弔問客数となって食事などが超過して、結局は高くついたというケースもあります。

◆葬儀の見積もり例

○○家さまご葬儀見積もり書

通夜式 親族 10 名、一般会葬者 20 名　宗教：仏教　式場：○○市営○○斎場
告別式 親族 10 名、一般会葬者 0 名　菩提寺：なし　火葬場：○○市営○○斎場　①

区分	No	項目	内容	区分	No	項目	内容	
葬儀費用	1	祭壇	6尺生花祭壇	接待費用	12	通夜料理	3,240円　20名様分(1)	②
	2	ご寝棺	布張棺・旅支度		13	精進落とし	3,240円　10名様分(2)	
	3	ご寝棺搬送	病院ー葬儀場(10km未満)		14	配膳人	通夜式1名、告別式1名	
	4	保全処置	ドライアイス10kg　※2回分		15	会葬返礼品	1,080円　30個	
	5	施行管理	司会進行・設営撤去など	施設費用	16	式場使用料	別途	③
	6	白木位牌	仮位牌		17	火葬料	市民料金	
	7	遺影写真	四つ切・キャビネ版		18	火葬場休憩室	不使用	
	8	葬儀備品	仏具・焼工具・消耗品		19	収骨容器	白瀬戸3号	
	9	会葬礼状	50組					
	10	受付用具	会葬カード／受付用具一式					
	11	枕飾り・後飾り	ご自宅用簡易祭壇					

小計(87プラン一式)一般価格／87万円／会員価格(81万円)　870,000

区分	No	項目	内容	単価	数量	計
プランからの変更費用	20	生花祭壇	8尺生花祭壇へ変更	150,000	1	150,000
	21	ご寝棺	お棺変更			
	22	設営用具	参列者が100名以上の場合、テント・ストーブ等			
	23	会葬カード	参列者が50名以上の場合、50円／枚			
	24	運営スタッフ	参列者が50名以上の場合、21,600円／人			
	25	配膳人	参列者が50名以上の場合			
	26	通夜料理の追加				
	27	告別料理の変更	料理を3,240円から4,320円へ変更	1,080	10	10,800
	28	飲み物(概算)	通夜式30名、告別式10名様として	1,080	40	43,200
	29	会葬返礼品の変更				
	30	当日返しの品	ギフトセット			
小計						204,000

区分	No	項目	内容	計
オプション	31	供花	祭壇の脇に飾る花 ③	0
	32	湯灌・納棺式	お棺変更	0
	33	マイクロバス	※火葬場併斎場の場合は不要	0
	34	寝台車	安置場所ー火葬場	0
	35	霊柩車	※火葬場併斎場の場合は不要	0
小計				0

区分	項目	内容	単価	数量	計
施設	斎場使用料	○○市営○○斎場	50,000	1	50,000
	霊安室	※ご自宅安置の場合は不要	7,200	3	21,600
小計					71,600

葬儀日費用小計	1,145,600
消費税 (8%)	91,648
合計 (税込)	1,237,248

(1) 親族は人数分、一般会葬者は 2 分の 1 人分になるため 20 名分となる。
(2) 精進落としは親族分のみ。

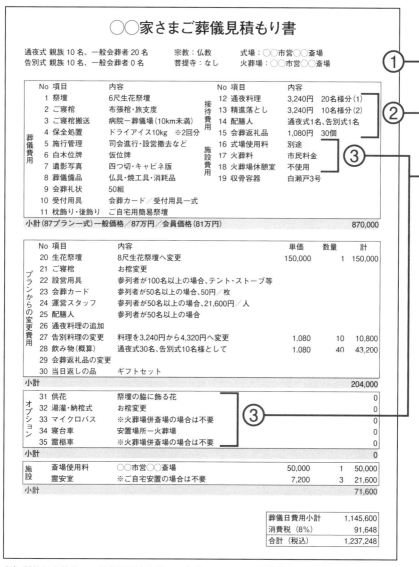

見積り費目の項目と内容

葬儀社によって見積書に記載されている費目名が違います。ここでは聞きなれない名前や内容がわかりにくい費目の内容を紹介します。見積書を確認するときに参考にしてください。

葬儀前に発生する内容がわかりにくい費用項目と内容

湯灌《ゆかん》・清拭《せいしき》	遺体をきれいにし、整える費用
枕飾り	搬送後、安置した遺体の頭に飾られる祭壇で、仏式の場合は白木の小机と三具足（みつぐそく）のこと。三具足とはろうそく（燭台）、線香（香炉）、一本しきみという花（花立て）のセットを指す
遺体保管料	遺体を自宅以外（葬儀社や斎場、専用施設など）に安置する場合の費用 日額数千円〜２万円が相場

POINT

葬儀社との金額トラブル

葬儀社とのトラブルでよく耳にするのが、「葬儀費用がわかりにくい」という問題です。以前は「見積額と請求額が違う」という声が多くありましたし、最近は「広告と見積額が違う」という格安にみせかけた「おとり広告」が不信感につながるケースも多くみられます。葬儀費用はずいぶん明瞭化されてきましたが、まだまだわかりにくいのが実情です。いざという時にあわてるのではなく、事前に葬儀社の目星をつけ、比較検討しておきましょう。

◆通夜・葬式に関する内容がわかりにくい費用項目と内容

祭壇周り	喪家の家紋が入った水引幕などのこと
祭壇供物	祭壇にお供えする果物や干菓子などだが、費目がなければ「祭壇費」の中に組み込まれていることも セット内容は確認が必要
位牌	戒名・法名・霊位を墨書した白木の位牌で、四十九日まで用いる
遺影写真	カラーとモノクロでは料金が違うので確認が必要
受付関連の装飾	家紋の入った提灯や式場までの道筋に立てる捨て看板、屋外に設置するテントなどのこと
特殊演出	葬儀で特別な音響や照明、映像上映をする場合につけられるもの
人件費	飲食会場の配膳やお世話などをするスタッフの実働費
施行運営管理費	葬儀打ち合わせから葬儀終了までの葬儀社の諸経費 葬儀一式費用の 10%程度が目安

POINT

「施主」と「喪主」の違い

「喪主」に対して「施主」という言葉があります。「喪主」は葬儀の責任者で、遺族の代表があたります。これに対して「施主」は、葬儀費用を担当する人を指します。現代の一般家庭の葬儀では「喪主」が「施主」も兼ねることがほとんどですが、企業による葬祭サービスがない時代には「喪主」が喪に服して供養に専念するのに対して、協力に集まった地域住民とやりとりをして葬儀の運営を取り仕切ったのが「施主」だったのです。

見落としがち、忘れがちな
葬儀に関する項目

当日までに確認すべき項目

葬儀は各家庭によって内容が違うため、必要な項目とそうでない項目はそれぞれです。とはいえ、下記3つの項目のように共通して必要になるもの、もしくは忘れがちなものもあります。当日のイメージを高めて、**できるだけ〝冷や汗が出る対応〟をなくしたいものです。**

◆葬儀当日までに確認する項目

捨て看板	「○○家葬儀式場」などと書いて、式場までの道筋に立てるのが捨て看板。葬儀式場の立地によって必要なことがある一方、装飾関連でも必要ないものもあるので“我が家の場合”を考えることが必要
マイクロバス	火葬場に行く親戚などが、当日急きょ増えることもある。マイクロバスは当日では手配できないので、その場合は数台の車に分かれて移動することも。その結果、車両関係費が加算されて高くなることがある
遺族や 身内の食事	お客様の食事にばかり気を取られて、遺族や身内の食事を用意していなかったというケースもあるので注意が必要。また宗教者がいる場合は、食事の用意をするか、食事代として金封を用意する

Q「心づけ（志）」の相場は？

A 2000円～3000円程度

バスやハイヤーの運転手、火葬場の火夫など、お世話をしてくださった人に贈るのが「心づけ（志）」です。これは葬儀社の費目にはありませんので、各自で用意しておき適宜渡します。金額は2000円～3000円が相場です。また、このほかにも葬儀を通じて特にお世話になった人（5000円～1万円）、お手伝いをしてくれた人にも（2000円～3000円）用意しておく必要があるでしょう。

POINT

故人が教師だったときは、弔問客が大勢に

通夜ぶるまいは通常、親族は人数分、会葬者は2分の1人分を用意します。多くの葬儀社は、地域の実情や過去の経験から参列者数の予想をたてて提案してくれますが、会葬者が200名から300名になるなど、急に100名近く弔問客が増えたりする場合は、さすがに対応しきれないことが考えられます。

特に、故人が現役世代だったり、家族の交友関係が広かったりする場合は注意が必要です。上司や部下、また家族の仕事仲間などが訃報を聞きつけて参列することがあります。施主は故人の職業やお付き合いの範囲を考えることが必要です。

通夜ぶるまいも葬儀・告別式も、食事代はそれぞれ一人3000円～4000円が平均です。追加した分は、もちろん費用が加算されます。急に100名分を追加することは不可能ですが、もしそのような事態になれば、30万～40万も追加費用が請求されます。

葬儀の中心人物

喪主

慣習にしたがって喪主を決める

喪主は早い段階で決めておくと安心です。葬儀に向けて、葬儀スタッフとの打ち合わせもスムーズに行えますし、葬儀スタッフもリーダーがいると指示を受けやすくなります。

喪主は故人の妻、夫といったパートナーが務めるのが一般的ですが、パートナーが高齢や病身の場合は、その子ども、もしくは親族が喪主を務めることもあります。喪主は家族で相談の上で決めましょう。

さて、**喪主の役割ですが、葬儀社との打ち合わせはもちろん、菩提寺がある場合は、菩提寺の僧侶とのやりとり等、葬儀全体のまとめ役です。**また、弔辞を頼む人に依頼をしたり、世話役の手配、香典の管理、会葬礼状の文面を考えたりといったこともその範囲でしょう。

とはいえ、葬儀までの短時間に、すべてを喪主一人でこなすのは実際は難しいもの。葬儀当日も、喪主はさまざまな対応に追われるので、菩提寺との連絡は葬儀社に任せたり、香典の管理はほかの親族に任せたりして、うまく采配することも務めといえるでしょう。

◆喪主あいさつのタイミング

1	通夜の最後
2	通夜ぶるまいの最後
3	葬儀・告別式、出棺の最後
4	精進落としのとき

喪主のあいさつは長くても3分程度

喪主として、通夜から精進落としまでの間にあいさつをする場面は4回程度あります。あいさつ自体は定型文でもかまいませんが、生前の日常からエピソードを見つけたり、旅行や家族の食事会、孫とのやりとりなどの思い出を語ってもよいでしょう。また、病床で最後に口にした言葉も、参列者に故人の人物像を伝えることができます。

ちなみに、あいさつは長くても3分程度が目安となります。

エピソードを入れた、喪主（息子）のあいさつ例

遺族を代表し、ひと言ご挨拶を申し上げます。本日はお忙しいところ、○○の葬儀にご会葬くださいまして、厚く御礼を申し上げます。

皆様ご存知のように、父は昔から身なりにはうるさい人間で、家の中でもジャケットを着ているような人物でした。

そんな父が病床についたときは見たこともない姿に心が痛みましたが、孫がお見舞いに来るとなったら、髪を整えてジャケットを羽織り、いつもの姿を装ったことは、今では忘れられない出来事となりました。

きっちりとした性格だったがゆえに仕事に対しても厳しい父でしたから、生前はご迷惑をおかけしたこともあるのではないかと思っております。この場を借りて、お許しを賜りますようお願い申し上げるとともに、生前寄せられました皆様のご厚情に対し、心より御礼申し上げます。

皆様方におかれましては、健康に留意され、ますますご活躍されますことをお祈り申し上げます。未熟な私どもとも故人同様のお付き合いを賜り、ご指導いただけますことをお願い申し上げます。本日は誠にありがとうございました。

の部分に故人との思い出を入れるとよい。

はがき、電話、メール、ファックス

通夜と葬儀・告別式の案内

通夜や葬儀・告別式の告知にSNSの活用も

通夜、葬儀・告別式の案内は、電話やメール、ファックスのほか、最近ではLINEやSNSなどで告知をすることが増えています。

家族葬として葬儀を執り行う場合は、訃報の告知は行うものの、日時と場所をお知らせしないこともあります。

文面や葬儀式場までのアクセスなどは、葬儀社が用意してくれることもあります。

◆会葬案内で伝えるべきこと

1	故人の名前と死亡日、享年
2	通夜、葬儀・告別式の日程
3	通夜、葬儀・告別式の場所(会場の住所と電話番号)
4	喪主の名前と連絡先

◆会葬案内例

父　○○はかねてより病気療養中でございましたが
○月○日に永眠いたしました
ここに生前のご厚誼を感謝し謹んでご通知申し上げます
なお葬儀告別式は左記の通り執り行います

一、日時　通夜式　○月○日　午後○時から
　　　　　葬儀告別式　○月○日　午前○時から
一、式場　○○セレモニーホール
　　　　　住所：杉並区○○○-○○-○
　　　　　電話：○○-○○○○-○○○○

令和六年○月○日
〒166-○○○○東京都杉並区○○町1-1-1
喪主　田中　一郎

会葬案内を連絡しなかった人への対応

家族葬や密葬など、広く知らせることをしない葬儀を行った場合や、逝去を連絡しなかった人がいた場合は、**後日、はがきなどで亡くなったことを伝えます。**その際は、以下を伝えましょう。

1	逝去の連絡が遅くなったことをお詫びします
2	故人の遺志でひっそりと式を執り行ったことを伝えます
3	香典を辞退する旨を伝えます

◆あいさつ状例

謹啓　父　◯◯はかねてより病気療養中でございましたが　◯月◯日に永眠いたしました
生前のご厚誼を深く感謝申し上げるとともにここに謹んでご通知申し上げます
葬儀は故人の遺志により　誠に勝手ながら家族のみにて執り行いました
本来ならば早速お知らせ申し上げるところでございましたが　ご通知が遅れましたことを深くお詫び申し上げます
なお　御供物や御香典はご辞退させていただきたく　お願い申し上げます

敬白

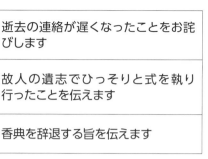

副葬品の準備を
納棺

精進落としまでの流れを確認

逝去から精進落としまでの主な流れ

逝去
↓
遺体搬送
↓
安置、枕飾り（読経）
↓
葬儀の計画・打ち合わせ
↓
納棺
↓
通夜
↓
葬儀・告別式
↓
出棺
↓
火葬・骨上げ
↓
還骨法要（または精進落とし）
⋮
追悼法要や手続きなど、
葬儀後の諸事

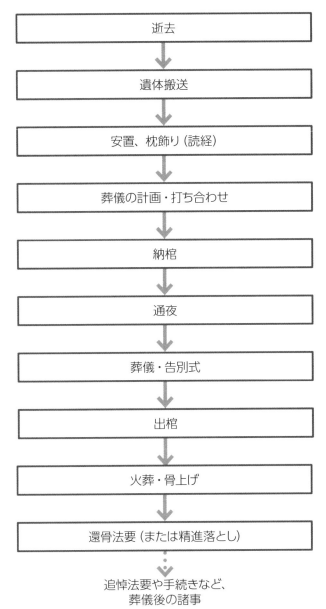

通夜の前には「納棺」がある

通夜の前には**遺族のみで行う「納棺」**があります。納棺は**遺体を清め、故人に死装束を着せて棺に納める儀式**で、通夜の前日や当日に行います。希望に応じて納棺前に故人を湯船に入れる湯灌《ゆかん》が行われることもあり、「納棺の儀」として専門スタッフが入って1時間程度をかけて行うこともできます。

副葬品を棺の中に納める

納棺時には副葬品を棺の中に入れることができますが、副葬品は棺とともに火葬されてしまうので、携帯電話やビニール製品などの燃やすことができないものは入れられません。果物や厚い本などの燃えにくいものも避ける必要があります。もちろんガスライターなどの危険物もNGです。また、遺品として残しておきたい品物も入れないようにしましょう。

◆副葬品としてふさわしくないもの

1	遺品として残しておきたいもの
2	果物や厚い本など燃えにくいもの
3	ビニール製品や携帯電話、ガスライターなどの危険物や燃えると有害物質が出るもの
4	貴金属やビン類、メガネなど遺骨や炉を傷つけるもの

POINT

訃報広告にかかる費用

新聞社によって締め切りの時間が違うので注意が必要です。料金は1cm× 2段のスペースで全国紙が15万～35万円、地方紙は大きく差があり5cm× 2段のスペースで5万～25万円程度でしょう。

進行とすべきこと
通夜

変化する通夜の形

通夜は本来、夜を徹して遺体に付き添い、邪霊の侵入を防ぐために線香とロウソクの灯りを絶やさずに棺を守る場で、私的な葬別とされていました。しかし**現在は、通夜にも一般の弔問客を迎えて、1〜2時間で法要をし、通夜ぶるまいをして終わる「半通夜」が主流**となっています。

日中に行われる葬儀・告別式より通夜の方が参列しやすいとあって、通夜が告別式化する現象が起こっており、近年は通夜を省略してセレモニーは葬儀・告別式のみとする一日葬も増えています。

かつてのように私的な意味合いが濃くなる傾向がみられるようです。

◆会葬案内で伝えるべきこと

1	祭壇飾り・式場設営・棺の安置	主に葬儀社が行ってくれます
2	供花・供物を並べ、贈り主を記録	喪主→遺族→親戚→友人・知人→関係企業・団体の順に配列を指示します。贈り主の社会的地位が高くても、遺族や親戚より上位には配置しません。供花・供物ともに贈り主を記録しておきましょう

3 礼状や返礼品の確認	礼状や返礼品は、葬儀社が事前打ち合わせをもとに用意をします。弔問客を迎える前に、礼状や返礼品の内容や数量に間違いがないか確認をしておきましょう
4 弔問客の受付	弔問客には芳名カードなどに記帳してもらうと、混乱なく受付ができます
5 通夜法要、僧侶を迎えて読経	司会進行は葬儀社が行うのが一般的です
6 焼香、僧侶による法話や説教	僧侶を迎えて読経が行われたら、遺族、親族、弔問の順に焼香をし、一通り焼香が終わると僧侶による追悼法話や説教が行われます
7 喪主のあいさつ	喪主からあいさつや謝辞を述べ、通夜ぶるまいの席へ案内をします
8 通夜ぶるまい	飲食の接待はしなくても問題ありませんが、僧侶に関しては遺族や親族が接待をします ※通夜ぶるまい中も、近親者で祭壇の灯・線香を絶やさないようにして、棺を守ります
9 棺守り	通夜は本来は、遺族や親族が翌日の葬儀式・告別式まで夜通し故人に付き添い棺を守るものです。式場で仮眠できる場合は、宿泊して祭壇の灯・線香を絶やさないようにします。ただし、式場によっては夜間は閉館するため、滞在ができないこともあります

通夜に続く儀式

葬儀・告別式、出棺

◆葬儀、告別式、出棺の主な流れ

受付	1	祭壇飾り・式場設営・棺の安置	前夜の通夜と同式場なら新たに設営することはありませんが、通夜を自宅で行った場合は設営から必要です
受付	2	弔電の確認と整理	弔電の送信者を確認し、難しい名前にはふりがなをふって、葬儀社（司会進行者）に渡します。弔電や弔辞には、宗教宗派によって使えない言葉があるので、葬儀社と事前に確認しておきましょう
受付	3	会葬者の受付	通夜と同様の要領で受付をします。通夜に続いて葬儀・告別式にも参列する人は通常、通夜のときに香典を持参されているので受付は記帳のみとなりますが、会葬御礼の礼状・返礼品は区別なく渡すのが一般的です
葬儀	4	着席	喪主を筆頭に、故人と血縁の濃い順番に祭壇・棺に向かって右側に着席するのが一般的です。左側には、友人や職場関係者などが座ります
葬儀	5	開式、僧侶入堂	司会進行は葬儀社が行うのが一般的で、進行に合わせて僧侶が入堂します
葬儀	6	僧侶による読経と葬送儀礼	僧侶は宗派の教義に則って、仏様に故人を仏弟子として導いてくれるように祈願します

葬儀	7	遺族・親族の焼香	僧侶にならって仏様に焼香し、故人の導きを祈願します
葬儀	8	会葬者の焼香	遺族・親族に続き、参列者が焼香をします
葬儀	9	僧侶退場	宗教儀式としての葬儀が終わり、僧侶が退場します
告別式	10	告別式開式の告知	葬儀に引き続き、司会または葬儀委員長が故人とその生涯について簡単に披瀝（ひれき）（紹介）します
告別式	11	弔辞拝受、献奏《けんそう》	弔辞をいただく人の肩書きや名前を事前に葬儀社や司会者と打ち合わせをしましょう。なお、読まない場合もあるほか、故人にちなんだ音楽演奏や歌唱などをすることもあります
告別式	12	弔電奉読《ほうどく》	事前に打ち合わせで決めた弔電を数通、全文読み上げます。そのほかは時間の都合上、名前のみ紹介します
告別式	13	喪主（遺族代表）のあいさつ	喪主もしくは遺族の代表から会葬者に葬儀・告別式への参列の謝辞を述べます
告別式	14	閉式、会葬者の退場	告別式が終わると、遺族、親族、故人と特に親しかった人だけが会場に残り、ほかの会葬者は退出して出棺を待ちます
出棺	15	出棺	花入れを行い、棺のフタを閉めて釘打ちを行います。棺を霊柩車に乗せたら、会葬者に喪主から謝辞とお別れのあいさつをし、その後、弔鐘や弔意のクラクションを鳴らしながら車が火葬場へと出発します

お葬式は葬儀＋告別式

一般的には、**通夜の翌日の日中に葬儀と告別式が行われます。**

本来、葬儀は故人を送り出す儀式であり、告別式は別れを告げる儀式なのですが、現在は葬儀・告別式の区別なく通して行われることがほとんどです。そして、葬儀・告別式に続いて行われるのが出棺です。

POINT

香典返しと返礼品は、実は違う！

返礼品は、弔問に訪れてくれた人全員に会葬礼状とともに渡す品物です。香典返しは香典をいただいた人への返礼で、この2つは別物です。

Q 通夜、葬儀・告別式の前にすべきことは?

A アルバムなどを見て、弔問客の名前を思い出しておく

葬儀前はなにかとバタバタとして余裕がないものですが、故人のアルバムなどを見て弔問にいらっしゃる人の顔と名前を思い出しておくとよいでしょう。式場で声をかけられて慌てることも少なくなるはずです。

葬儀と告別式は一連の中で行われる

さて、葬儀式と告別式の違いですが、**葬儀は故人の死を悼み、仏や神に祈る宗教的儀式**なのに対して、**告別式は会葬者全員が故人とお別れをする社会的な儀礼**といえます。葬儀と告別式を厳密に分け、葬儀終了後に僧侶が退場し、告別式が始まるケースもあります。カトリックでは葬儀ミサと告別式を分けて行います。

また、葬儀と告別式が終わると、遺族、親族、故人と特に親しかった人だけが会場に残って、出棺に向けた準備を行います。一般会葬者は出棺まで会場外で待ち、出棺時には合掌してこれを見送ります。

Q 宮型霊柩車を見なくなったのはなぜ？

A 乗り入れを禁止する施設が多くなった

霊柩車には宮型やリムジン型など大きく4種類があります。このうち従来の宮型は外見から葬儀をストレートに連想させるため嫌う声が高まったことに加え、シンプルな形を望む現代人の趣向から、最近では見かけることが少なくなりました。

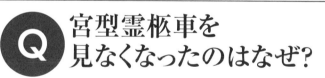

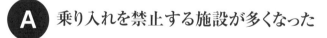

葬儀・告別式のあとは火葬から精進落とし

◆火葬から繰り上げ初七日、精進落としの主な流れ

1	炉前で僧侶の読経、焼香	火葬場に着いたら、ただちに火葬許可証を係員に渡します。炉前に棺を安置したら、僧侶の読経（荼毘の経）のほか、焼香を行います
2	荼毘《だび》に付す	火葬することを「荼毘に付す」といいます。火葬には1～2時間程度かかります
3	骨上げ	火葬後は、収骨室で遺骨を骨壷に納めます。これを「骨上げ」といいます。骨上げは二人一組で行い、二人でひとつのお骨を箸で持ち上げて、骨壷に納めます （※地域により多少、作法に違いあり）
4	還骨《かんこつ》法要、繰り上げ初七日法要	火葬後に自宅や式場に戻り、遺骨の前で行うのが「還骨法要」です。このとき合わせて「繰り上げ初七日法要」を執り行いますが、現在は出棺前にそれらを行うこともあるため、どちらも行われないことがあります
5	精進落とし	還骨法要および繰り上げ初七日法要を省いた場合は、火葬が終わると、場所を移して（式場や別に予約をしておいた飲食店などで）、精進落としをします
6	喪主のあいさつ、散会	一連の儀式の最後に、喪主もしくは遺族代表が慰労と御礼のあいさつをして、散会します

1日で繰り上げ初七日法要、精進落としまで済ませるのが一般的

前夜に通夜、翌日の日中に葬儀・告別式を行い、続いて火葬をします。その後、火葬場から場所を移して還骨法要、さらに死後7日目に初七日の法要を行うのが本来です。

初七日の法要は、現在では遺族や親族の負担を少なくするために、「繰り上げ初七日法要」として葬儀・告別式と同日に行うことも多くなっています。

また、初七日法要と同様に現代のライフスタイルに合わせて営むタイミングが変わった法要に「精進落とし」があります。精進落としも本来は四十九日の忌明けに行うものですが、現在では葬儀・告別式、繰り上げ初七日法要に続いて行われており、僧侶や世話役の労をねぎらうための会食の宴席へとその姿を変えています。

精進落としの会食が終わると葬儀は終了となり、散会となります。

Q 分骨はいつするのがよい?

A 骨上げのとき

分骨することが決まっているときは、あらかじめ骨壷を分骨する数の分だけ用意し、骨上げのときから分けるとよいでしょう。また、分骨には火葬場の係員が発行する「分骨証明書」が必要なので、分骨する場合は係員に事前に伝えておく必要があります。ちなみに火葬後に分骨する場合は、墓地の管理者（管理事務所や住職）から「分骨証明書」を発行してもらい、分骨を行います。

葬儀後の事務処理

すみやかに行うべきこと

記憶が新しいうちに処理

葬儀後は誰もがひと安心してしまいますが、記憶が新しいうちに事務処理をし、支払い等もすみやかに行いましょう。

◆支払い整理のポイント

1	葬儀費用と飲食費用	葬儀当日に急きょ追加した費用や、人数の変動で増減した費用を確認し、表にしておくとよいでしょう。請求額が見積もりと違った場合は、すぐに葬儀社に説明を求めて解決しておきます
2	会葬者名簿と香典	会葬者名簿や会葬カードに、香典金額を書いておくとよいでしょう。また、特別に大きな金額をいただいた人、特にお世話になった人などに改めてお礼をする場合は、お礼に何を贈ったか、どの程度の品物を贈ったかなども書き留めておくとよいでしょう
3	立て替え金	葬儀当日、世話役や親戚などが立て替えた品物や金額を一覧にし、それぞれに支払いましょう

支払先一覧例

支払先	期日	金額	支払い	備考
○○葬儀社	○月○日まで	115 万円	未	通夜ぶるまいを追加。追加料金を確認する。

立て替え金の一覧例

日付	誰が	何に	金額	領収書	支払い
○月○日	○○叔父さん	お車代	5000 円	なし	○ / ○ 済

お墓に関するお悩みQ&A

故人を弔うことと切っても切り離せないのが「お墓」ですが、葬送同様に、お墓についても悩みや誤解されていることが多いようです。

Q 納骨は四十九日までにすべきこと?

A そんなことはありません

「納骨は四十九日までに」もしくは「少なくとも一周忌までにしないと成仏できない」という人もいますが、そんなことはありません。遺族の中には気持ちの整理がつくまで長らく手元で供養している人もいます。手元供養は法律的にも問題もありませんし、縁起の良し悪しも迷信といえるでしょう。

Q 次男はお墓を建てないとダメですか?

A 建てなくてもOK

次男だから、三男だからといっても、必ずしも新しくお墓を建てる必要はありません。お墓の承継者の許可と、墓地のルール（墓地によっては使用できる親等に範囲が設けられている）に沿っていれば、代々受け継がれている家墓に入ることができます。

とはいえ、家墓が遠方にある場合や、承継する子どもがいて墓守をしてくれるのであれば、お墓参りがしやすい場所に新しく建てるのも一案です。

Q お墓を建てるにはどのくらいの期間が必要?

A 工事だけで2カ月〜2カ月半、立地などを検討すると納骨まで1年以上かかることもあります

お墓を新しく建てるには少なくとも工事だけで2カ月〜2カ月半はかかりますが、立地や管理体制を検討すると1年以上かかる場合もあります。

短い時間で決めたお墓は、のちにお参りがしづらかったりして、“後悔するお墓”になることも多いようです。お墓は安い買い物ではありませんし、現在はお寺の外墓のほか、公営や民間の墓地、納骨堂、永代供養墓などさまざまなお墓があります。選択範囲が広がっているので、できるかぎり時間をかけて納得のいくお墓を用意したほうがよいでしょう。

ちなみにさまざまなお墓があるといっても、自宅の庭にお墓を建てることは法律上できません。

Q お墓を建てるにはいくらかかる?

A 墓石だけで100万円前後、合計300万〜400万円ほど

従来タイプのお墓を建てるなら墓石だけで100万円前後かかると試算しておきましょう。しかし、忘れてならないのが土地の使用料にあたる永代使用料(えいたいしようりょう)の存在です。永代使用料は区画の大きさで金額が変わるため、一区画の広い地方のお墓は合計で300 〜400万円もかかるという話もあります。

現在、納骨の形はさまざまあります。墓石を建てるタイプにするか、納骨堂のように墓石を持たないタイプにするか、散骨のようにそもそもお墓を持たないタイプにするかといったところから考えてみてもよいでしょう。

コラム

葬儀・告別式が終わっても、ゆっくりしてはいられない!?

葬儀・告別式という、葬送の大きな儀式が終わったら、菩提寺がある家族はごあいさつなどの対応に追われます。また、特にお世話になった人には、さらに香典返しが必要になるでしょう。

菩提寺へのお布施は30万円!? 100万円!?

菩提寺がある場合は、葬儀の翌日か翌々日にはお礼に伺います。葬儀当日にお布施を渡していなければ、このときに持参しましょう。

菩提寺へのお布施の金額は、地域性や葬儀の規模、菩提寺とのお付き合いの度合いにもより、額はバラバラです。戒名・法名を含めて30万という例もあれば、100万円という例もあります。

「いったいおいくら……？」となりますが、葬儀社の人に聞いてみるか、僧侶に直接、相談してみるのも手です。現在は比較的若いお坊さんも増えてきているので「◯◯万円でもよろしいでしょうか？」と尋ねてみるのも一案でしょう。

また、ごあいさつに伺った際には、四十九日の法要や納骨などについても相談するとよいでしょう。

香典返しは四十九日の前に済ませる

特にお世話になった人や多額の香典をいただいた人には、四十九日の法要までに改めて香典返しをします。一般に品物は「半返し」といって、いただいた金額の半額が目安とされています。ただし多めにいただいた場合は、必ずしも半額にしなくてもよいとされています。

喪主が自分で手配する「四十九日法要」

「会場」「寺院」「位牌」の手配

服喪期間が明けたことを示す「四十九日」

通夜と葬儀・告別式が終わると、喪主には次の法要の準備が待っています。近年は初七日や精進落とし は葬儀・告別式と一緒に行ってしまうことが多いため、喪主として次に行うのは「四十九日法要」になることが多いのではないでしょうか。

この法要は、亡くなった人の喪に服す**四十九日間の「忌中」を終えて「忌明け」に行われる追善法要**で、「中陰（亡くなった人が極楽浄土へ行けるかどうかを判定する期間＝四十九日）が尽きる」ことから「満中陰法要」という地域もあります。この法要のあとに遺骨の納骨が行われることもあります。

四十九日に備えて喪主が手配しなくてはいけないものは、「会場」「寺院」「位牌」です。

「会場」「寺院」「位牌」の手配は喪主の担当

葬儀の際には、会場や寺院の手配などさまざまな面を葬儀社がサポートしてくれますが、四十九日法要では喪主自身が会場や寺院を手配しなくてはならないため、やらなければいけないことは必然的に多くなります。

四十九日法要では、御霊を白木位牌から本位牌に移すので、仏壇店で本位牌を購入しておく必要があります。文字入れを含めて一週間程度はかかるので、早めに手配しておきましょう。

一連の葬儀の最後の法要「納骨」の準備
「法要」「石材店」「文字彫」の手配

「納骨」する場合は納骨法要の手配も

四十九日法要の手配を終えたら、次には「納骨」の手配が待っています。

「納骨」は茶毘に付した遺骨をお墓の納めることを指し、**四十九日と同じタイミングで行う**ケースがほとんどです。もちろん四十九日より前に納骨を行っても、遺骨を長く自宅に置いて供養してもかまわないのですが、遺骨をお墓に納めることで一連の葬送儀礼が一応の終わりを迎える形になります。

なお先祖伝来のお墓や、故人や喪主にお墓の用意がない場合は、当然まずお墓を手配することから考えなくてはならず、それまで納骨は延期なります。

納骨の手配は石材店に依頼

お墓があって納骨法要の手配も済んだら、納骨の際に重い墓石を動かして納骨室（カロート）を開けてもらう作業を石材店に依頼しなくてはいけません。石材店は納骨当日に、通常50～１００kgはある墓石を動かして納骨室を開けますが、その際に墓石の状態を確認して、後日劣化部分の報告・補修を行ってくれます。

加えて石材店に手配しなくてはいけないのが、納骨当日までに故人の戒名などを墓石や墓碑に刻んでもらうことです。この「文字彫」までを終えてはじめて、納骨の日を迎えることができるのです。

仏式の葬儀や法要には欠かせない「焼香」と「服装のマナー」

実は宗派でやり方が違う「焼香」

故人の冥福を祈る行為として、仏式の葬儀では欠かせない宗教儀式のひとつである「焼香」。一般的な流れとしては、

遺族・僧侶・祭壇に一礼→香をつまみ香炉にくべる→祭壇に一礼し、遺族に一礼して席に戻る

という形で行われますが、実はこの焼香は宗派によって細かい作法に違いがあります。ポイントは回数と「押しいただく動作」なので、焼香の機会があったらよく観察してみましょう。

基本を押さえて失礼のない服装を

焼香のマナーは宗派によって違いがあり複雑ですが、法要の服装のマナーに悩んでいる人も多いかもしれません。原則として男女ともに黒い喪服に無地のシャツ、黒無地の靴下かストッキングが基本となりますが、男性なら「裾がダブルのパンツは避ける」「ネクタイは黒無地」「金具の付いた靴やローファーはNG」、女性なら「飾りけのないパンプス」「結婚指輪以外のアクセサリーは避ける」といった点は押さえておきましょう。親族以外で三回忌以降の法要であれば、男女とも紺やグレーの装いも許されますが、黒を選んでおくことがもっとも無難です。

第2章

葬儀後にすみやかに行う手続き

通夜、葬儀・告別式を終えてホッと一息……とはいきません。
各種手続きの届けを期限内に出し、
変更・解約・返却・停止・給付・還付をしましょう。

死後2週間以内の手続き

世帯主の変更

誰に必要な手続き？	世帯主に変更が生じたときに**新しい世帯主か同一世帯の人、代理人**が申請可能
いつまで？	世帯主に変更が生じた日から**14日以内**
提出先は？	故人が住んでいた市区町村の**役所**
必要なもの	・**国民健康保険証**（加入者のみ） ・マイナンバーカードや運転免許証、パスポートなどの**身分証明書** ・**印鑑**（認印でOK） ・必要なら**委任状**※
注意点	手続き完了後は、住民票を取って確認を

※同一世帯以外、または同一世帯でも生計を共にしていない場合は委任状が必要。

夫婦だけの世帯なら、変更届は出さなくてOK

亡くなった人が世帯主だった場合は、14日以内に世帯主の変更届を提出します。ただしこの手続きは、15歳以上の世帯員が2人以上残るときのみ必要になります。

例えば、父親が亡くなったあとに15歳以上の子ども2人（79ページケース1）や、妻と15歳以上の子どもが家に残った場合（ケース2）は、手続きをしなければなりません。

残った家族が配偶者と15歳未満の子どもだった場合（ケース3）や、もともと故人とその配偶者2人世帯だった場合は、世帯主が明白なので手続きする必要はありません。

◆届け出が必要なケースと不要なケース

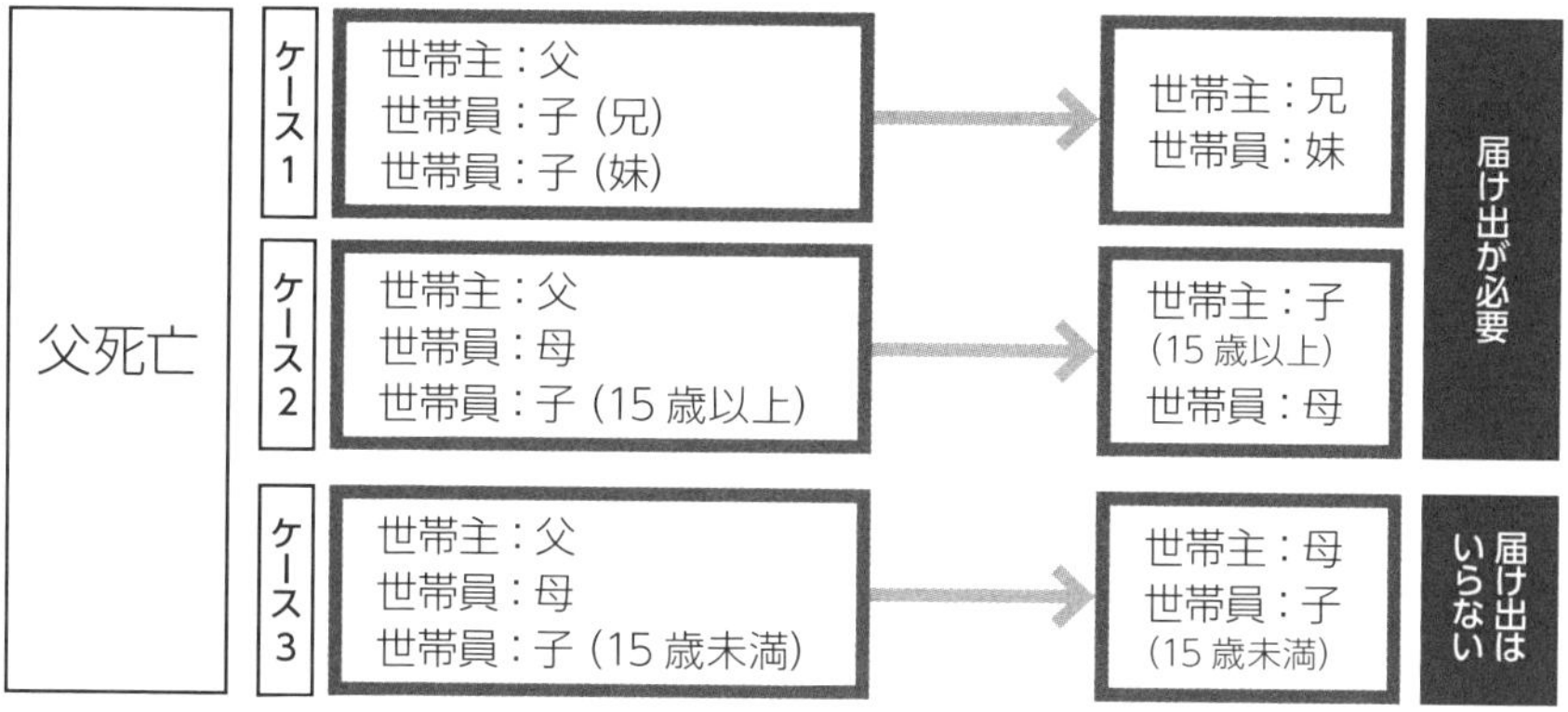

◆世帯主変更届の書き方

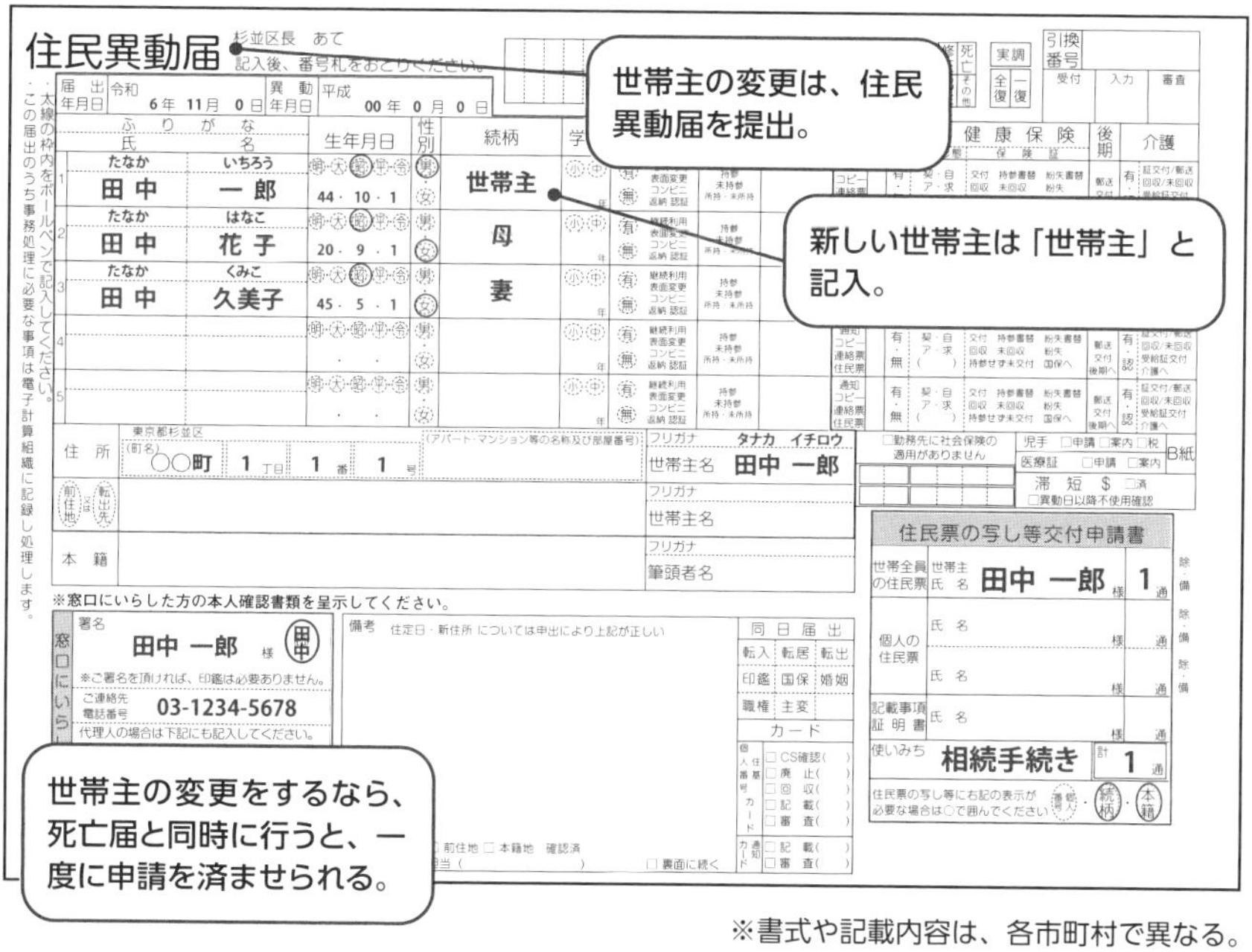

※書式や記載内容は、各市町村で異なる。

亡くなったら使用できない
健康保険証の資格喪失と返納

誰に必要な手続き？	**遺族**に必要
いつまで？	**14日以内**（社会保険に加入している家族の扶養になる場合は5日以内）
提出先は？	国民健康保険や後期高齢者医療制度なら故人が住んでいた市区町村の**役所**、そのほかの健康保険は現役社員なら**会社**（退職後の任意継続なら協会けんぽや健康保険組合）
必要なもの	・**健康保険証**（世帯主が亡くなった場合は、世帯全員の保険証も必要） ・**高齢受給者証**（持っている人のみ） ・手続きをする人のマイナンバーカードや運転免許証、パスポートなどの**身分証明書** ・**印鑑**（認印でOK）など
注意点	世帯主が亡くなった場合、扶養されていた家族も資格を失う。ほかの家族の扶養になるか、自身で国民健康保険に加入するかしなければならない

死亡の翌日から保険証は失効する

亡くなると、当然ながら健康保険の被保険者（病気やケガをした場合に、必要な給付を受けることができる人のこと）の資格を失うため、死亡した翌日から保険証は使えなくなります。期日までに保険証を返却し、必要な手続きをとりましょう。

◆故人の健康保険の種類を確認して返却物を把握する

	故人の状況	種類	保険証の種類（返却物）
1	故人が自営業の場合	国民健康保険	国民健康保険被保険者証
2	故人が70歳～74歳	国民健康保険	国民健康保険被保険者証と国民健康保険高齢受給者証
3	故人が75歳以上の場合（65歳～74歳で障害のある方を含む）	後期高齢者医療制度	後期高齢者医療被保険者証
4	故人が会社員の場合	社会保険	各健康保険被保険者証

※故人が70歳～74歳の会社員の場合は、健康保険高齢受給者証も返却する。

故人の扶養ならば14日以内に手続きを

世帯主が亡くなり、故人の扶養に入っていた家族は、世帯主が亡くなると同時に健康保険の資格を失います。被保険者の健康保険証と一緒に返却しなければならないため、手続きの際は世帯全員分の保険証を持参しましょう。

また**遺族は、世帯主の死亡から14日以内に自身で国民健康保険に加入するか、社会保険に加入している家族の扶養になる場合は5日以内に手続き**をしなくてはなりません。故人の健康保険証を返納する際に同時に手続きを済ませて、新しい保険証を作りましょう。

健康保険証の返却とともに、葬祭費や埋葬費の請求手続きもしたほうがよいといわれていますが、葬祭費や埋葬費の申請は2年以内の猶予があるため、しっかりと書類をまとめてから申請してもよいでしょう。

すみやかに行う
年金受給の停止

未支給年金はほとんどの人が発生する

年金は年6回、偶数月の15日に前2カ月分が支払われているもので、死亡した月の年金まで受け取ることができます。年金受給者が亡くなった場合は、年金事務所で年金受給を停止する手続き（年金受給権者死亡届）をします。**停止手続きが遅れて超過して受給してしまった場合は、その分を返還しなければなりません。**わざわざ返還手続きをするのも面倒なので、停止手続きはすみやかに行いましょう。

また、未支給年金はほとんどの人が発生するといっても過言ではありません。例えば、受給者が4月17日に亡くなった場合、4月15日に振り込まれた2、3月分の年金は受給者本人が受け取れていますので問題はありません。しかし、消滅月の4月分は6月15日に支払いとなり、受給者本人は亡くなっているため未支給年金となります。このように、ほとんどの人に未支給年金は発生し、手続きが必要となります。

◆年金受給の停止

誰に必要な手続き？	故人が年金受給者だったときに遺族に必要
いつまで？	厚生年金は**10日以内**、国民年金は**14日以内**
提出先は？	**年金事務所**
必要なもの	**・故人の年金証書** **・死亡を証明する書類**（死亡診断書や故人の戸籍謄本など）

未支給年金を受けとる順番

未支給年金は、亡くなった人と生計を同じくしていた受給資格のある遺族に支払われます。受給資格者のうち1人が請求を行って支払われたら、それ以上は請求できません。

◆資格のある遺族の順番

1	配偶者
2	子ども
3	父母
4	孫
5	祖父母
6	兄弟姉妹
7	上記①～⑥以外の３親等内の親族

◆未支給年金の請求

誰に必要な手続き？	**ほとんどの遺族**に必要で、受給資格のある遺族が申請可能
いつまで？	**すみやかに**
提出先は？	故人の住所地の市区町村の役所、もしくは**年金事務所**や**年金相談センター**
必要なもの	・**故人の年金証書** ・**死亡を証明する書類**（死亡診断書や故人の戸籍謄本など） ・**故人と請求者の続柄が証明できる書類**（戸籍謄本など） ・**故人の住民票**（除票） ・**請求者の世帯全員の住民票** ・**請求者名義の預金通帳** ・**印鑑**（認印でOK）など

◆年金受給権者死亡届の書き方

様式第５１５号

受付登録コード 1 8 5 0 1

入力処理コード 7 4 5 0

国民年金・厚生年金保険・船員…

受給権者死…

故人について記入。故人が複数の年金を受けていたときは別紙を用意し、すべての年金コードを記入。

死亡した受給権者			
❶ 基礎年金番号および年金コード	基 礎 年 金 番…	1 2 3 4 5 6 7 8 9 0 1 2 3 4	
❷ 生 年 月 日	明治・大正・(昭和)・平成・令和	1 9 年 0 8 月 0 1 日	
㋐ （フリガナ）	タナカ	タロウ	
氏 名	（氏） 田 中	（名） 太 郎	
❸ 死亡した年月日	昭和・平成・(令和)	0 5 年 1 0 月 3 1 日	

届出者				
❺ （フリガナ）	タナカ	イチロウ	❻ 続柄	※続柄
氏 名	（氏） 田 中	（名） 一 郎	子	
※ ❼ 未支給 有 無	❽ 郵 便 番 号 1 6 6 - 0 0 0 0	㋑ 電 話 番 号 03 - 1234 - 5678		
❾ （フリガナ） 住 所	※住所コード	杉並 市・(区)・町村 ○○町 1-1-1		送信

届け出をする人の情報を記入。届け出をする本人が記入する場合は、押印は不要。

◎ 未支給の年金・給付金を請求できない方は、死亡届（報告書）のみご記入ください。

◎ 死亡届のみを提出される方の添付書類

1．死亡した受給権者の死亡の事実を明らかにすることができ…
（個人番号（マイナンバー）が収録されている方について…

・住民票除票
・戸籍抄本
・死亡診断書（コピー可）　　などのうち、いずれ…

2．死亡した受給権者の年金証書
年金証書を添付できない方は、その事由について以下の事由欄にご記入ください。

（事由）

ア、	廃棄しました。　（　　年　　月　　日）
イ、	見つかりませんでした。今後見つけた場合は必ず廃棄します。
ウ、	その他（　　　　）

㋕ 備 考	

年金証書を提出できない場合は、その理由を書き添える。

市区町村受付年月日

実施機関等受付年月日

令和　年　月　日 提出	
年金事務所記入欄	
※遺族給付同時請求	有（上・外）・無
※未支給請求	有・無

4

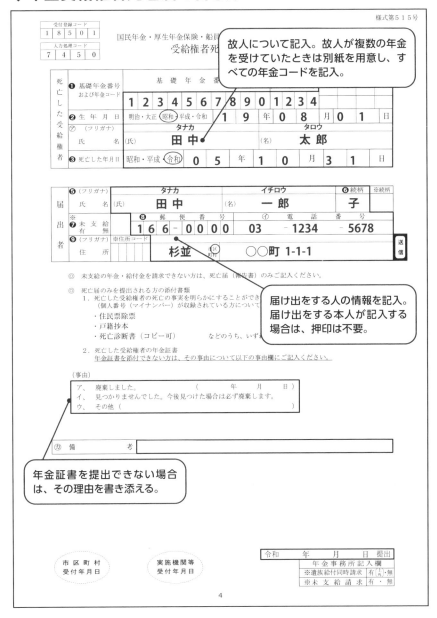

◆未支給（年金・保険給付）請求書の書き方

国民年金・厚生年金保険・船員保険・共済年金・年金生活者支援給付金　　様式第５１４号

未支給年金・未支払給付…

> 故人について記入。故人が複数の年金を受けていたときは、別紙を用意し、すべての年金コードを記入。

45 46 48 【職員記入欄】死亡した方が年金生活者支援給付金を受給されていた場…

死亡された方 → 死亡した受給権者

❶ 基礎年金番号および年金コード	基礎年金番号	1 2 3 4 5 6 7 8 9 0 1 2 3 4
❷ 生年月日	明治・大正・（昭和）・平成・令和	1 9 年 0 8 月 0 1 日
㋐（フリガナ）	タナカ	タロウ
氏名	（氏）田中	（名）太郎
❸ 死亡した年月日	昭和・平成・（令和）	0 5 年 1 0 月 3 1 日

◆ 死亡した方が厚生年金保険・船員保険・統合共済の年金以外に共済組合等で支給する共済年金も受給していた場合、あわせて共済の未支給年金（未済の給付）の請求を希望しますか。※共済年金と国民（基礎）年金のみ受けていた方は、別途共済組合等に請求が必要です。　はい ・ いいえ

「記入上の注意」などをよく読んでからご記入ください。基礎年金番号・年金コードが不明なときは、年金事務所の窓口でご相談ください。「※」印欄は、記入しないでください。

請求される方 → 請求者

❺（フリガナ）	タナカ	ハナコ	❻ 続柄
氏名	（氏）田中	（名）花子	妻
❽ 郵便番号	166－0000	㋑ 電話番号	03－1234－5678
❾（フリガナ）住所	※住所コード	杉並（市区）町村	○○町 1-1-1
個人番号		←請求される方の個人番号（マイナンバー）をご記入ください。	

㋒ 年金受取機関
（1）金融機関（ゆうちょ銀行を除く）
2. ゆうちょ銀行（郵便局）
□ 公金受取口座として登録済の口座を指定

※1または2に○をつけ、希望する年金の受取口座を必ずご記入ください。
※また、指定する口座が公金受取口座として登録済の場合は、左欄に☑してください。（公金受取口座については、2ページをご参照ください。）

（フリガナ）タナカ ハナコ
口座名義人氏名　田中 花子

年金送金先

金融機関コード	支店コード	（フリガナ）	（フリガナ）	預金種別	口座番号（左詰めで記入）
※	※	つちや（銀行）	杉並（本店）	（1.普通）2.当座	1234567

ゆうちょ銀行　貯金通帳の口座番号　記号（左詰めで記入）　番号（右詰めで記入）
金融機関またはゆうちょ銀行の証明欄 ※

> 届け出をする人の情報を記入。

㋓ 受給権者の死亡当時、受給権者と生計を同じくしていた次のような方がいましたか。

配偶者	子	父母	孫	祖父母	兄弟姉妹	その他3親等内の親族
（いる）・いない	（いる）・いない	いる・（いない）	いる・（いない）	いる・（いない）	いる・（いない）	（いる）・いない

死亡した方が三共済（ＪＲ、ＪＴ、ＮＴＴ）・農林共済年金に関する共済年金を受けていた場合にご記入ください。
㋔ 死亡者からみて、あなたは相続人ですか。（相続人の場合には、続柄についてもご記入ください。）　はい ・ いいえ　（続柄　　）

㋕ 備考

請求される方が、別世帯の配偶者または子の場合 →
㋖ 別世帯となっていることについての理由書
次の理由により、住民票上、世帯が別となっているが、受給権者の死亡当時、その者と生計を同じくしていたことを申立します。
（該当の理由に○印をつけてください。）
請求者氏名

理由
1. 受給権者の死亡当時、同じ住所に二世帯で住んでいたため。
（請求者が配偶者または子である場合であって、住民票上、世帯が別であったが、住所が同じであったとき。）
2. 受給権者の死亡当時は、同じ世帯であったが、世帯主の死亡により、世帯主が変更されたため。

死亡した受給権者と請求者の住所が住民票上異なっていたが、生計を同じくしていた場合は「別居していたことについての理由書」などが必要となります。用紙が必要な方は、「ねんきんダイヤル」またはお近くの年金事務所などにお問い合わせください。

> 故人と別世帯の人が未支給分を請求する場合は、別世帯となっている理由を書き、押印。

令和　年　月　日提出

年金事務所記入欄	
※遺族給付同時請求	有（上外）・無
※死亡届の添付	有・無

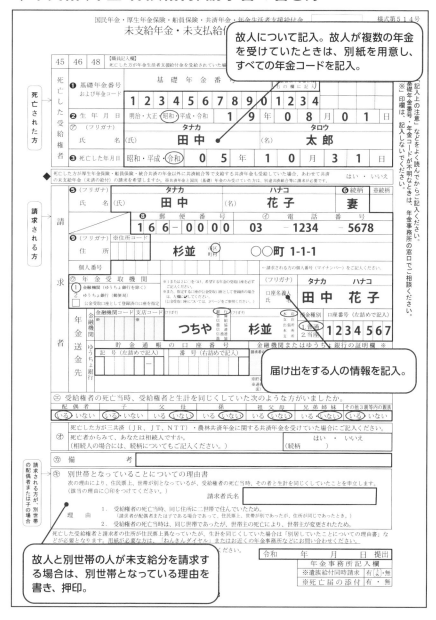

死後2週間～5年
相続、税金に関する重要な手続き

死後2週間～1年以内に必要な手続き

一周忌前に済ませなければならない主な手続きは下記の6つ。特に「相続放棄と限定承認」「準確定申告」「相続税の申告」は多くの人に関係し、**期限を過ぎると申請ができなくなったり、遅れると追徴課税といったペナルティを課せられたりします。**期日には十分注意して、すみやかに手続きを行いましょう。

また、**名義変更や解約なども忘れずに行いましょう。**クレジットカードは解約を忘れてしまうと、カードを使っていないのに年会費を取られてしまうことにもなります。

手続き内容	死後	解説
・銀行など**口座の凍結** ・**電気、水道、クレジットカードなどの名義変更・解約・返却・停止**	**すみやかに**	93ページ
相続放棄と限定承認	相続の開始があることを知ったときから**3カ月以内**	152ページ
準確定申告	相続の開始があることを知った日の翌日から**4カ月以内**	94ページ
故人の事業の承継 （青色申告承認の申請）	原則**4カ月以内**	108ページ
児童扶養手当の請求	**すみやかに**	106ページ
相続税の申告	被相続人が死亡したことを知った日の翌日から**10カ月以内**	182ページ

◆死後2年以内に必要な手続き

手続き内容	死後	解説
高額療養費の請求	故人が治療を受けた翌月１日から**２年以内**	100ページ
高額介護サービス費の請求	故人が介護サービスを受けた翌月１日から２年以内	105ページ
死亡一時金の申請	死亡の翌日から２年以内	130ページ
各種葬祭費・埋葬費などの請求	**２年以内**	112ページ

高額療養費の払い戻しは、役所などから送付される高額療養費支給申請書と医療機関の領収書で申請可能か確認できます。なお、高額療養費の請求による支給金は相続財産に含まれるので注意が必要です。各種葬祭費・埋葬費は、故人の健康保険の条件を満たせば給付が受けられます。

◆死後5年以内に必要な手続き

手続き内容	死後	解説
生命保険の支払い請求	保険会社の支払い事由が発生した日の翌日から**３年以内**	137ページ
不動産の相続登記	**３年以内**	178ページ
遺族年金の選択と請求	**５年以内**	116ページ

生命保険の支払い請求は、3年以内に手続きを行わないと請求権が消滅します。また、故人が生命保険の受取人の場合は、保険金は相続財産となる可能性があるので注意が必要です。遺族年金は故人が加入していた年金、保険ごとに条件を満たせば給付が受けられます。

生活、お金、相続など
項目別にみる確認表

名義変更、解約、返却、停止が必要な手続きを確認しましょう。手続きが済んだら、「確認」スペースにチェックを入れましょう。

◆生活に関すること

項目	届け出先	死後	確認
ガス	ガス会社	すみやかに	
電気	電力会社		
水道	水道局		
電話	電話会社		
携帯電話	各携帯電話会社		
インターネット	各プロバイダなど		
クレジットカード	各クレジット会社		
ゴルフやリゾートクラブの会員権	各団体		
フィットネスクラブや JAF の会員登録	各団体		
運転免許証	所轄警察署		
パスポート	パスポートセンター		
住基カード（住民基本台帳カード）or マイナンバーカード	市区町村の役所		
福祉サービスや福祉手当	市区町村の役所		

項目	届け出先	死後	確認
シルバーパスなどの利用券	市区町村の役所	**すみやかに**	
印鑑登録証（印鑑登録カード）	市区町村の役所		

◆お金に関すること

項目	届け出先	死後	確認
銀行口座の凍結	各金融機関	**すみやかに**	
児童扶養手当の請求	養育している人の住民票がある各市区町村の役所	**すみやかに**	
準確定申告	故人の納税地の税務署	相続の開始があることを知った日の翌日から**4カ月以内**	
高額療養費の請求	故人の住所地の各市区町村の役所、協会けんぽなど	故人が治療を受けた翌月1日から**2年以内**	
高額介護サービス費の請求	故人の住所地の各市区町村の役所	故人が介護サービスを受けた翌月1日から**2年以内**	
死亡一時金	故人の住所地の各市区町村の役所、最寄りの年金事務所、年金相談センター	死亡の翌日から**2年以内**	
各種葬祭費・埋葬費の請求	故人の住所地の各市区町村の役所、協会けんぽ、健保組合	**2年以内**	
生命保険の支払い請求	各保険会社	保険会社の支払い事由が発生した日の翌日から**3年以内**	
遺族年金の選択と請求	故人の住所地の各市区町村の役所、最寄りの年金事務所、年金相談センター	**5年以内**	

◆相続に関すること

項目	届け出先	死後	確認
遺言の調査	故人が公正証書遺言を作成している場合は、公証役場	**すみやかに**	
相続人と相続財産の調査	故人の本籍がある市区町村の役所で戸籍謄本を入手	**すみやかに**	
相続放棄と限定承認	故人の住所地の家庭裁判所	相続の開始があることを知ったときから**3カ月以内**	
相続税の申告	故人の納税地の税務署	被相続人が死亡したことを知った日の翌日から**10カ月以内**	
府相談の相続登記	不動産の所在地を管轄する法務局	不動産（土地・建物）を相続したことを知った日から**3年以内**	

※遺産や相続に関することはすべて4章以降（137ページ）へ。

◆仕事に関すること

項目	届け出先	死後	確認
故人の事業を承継（青色申告承認に申請）	相続人の納税地の税務署	**原則4カ月以内**	

POINT

生活に関する手続きはうっかりが多い

電気や水道、ガス、電話などのライフラインをはじめ、クレジットカードも名義変更・解約・返却・停止が必要です。特にクレジットカードは、未払い金がある場合はその清算もしなければなりません。

故人の名で登録しているものや、故人が利用していたサービスを、生活をたどりながら思い返してみましょう。

名義人が亡くなったらすぐに連絡
銀行口座の凍結手続き

故人の口座はただちに凍結

故人が銀行などに口座を持っていた場合は各金融機関へ届け出をし、口座を凍結する必要があります。届け出をすると名義人の口座は原則として出入金ができなくなりますが、葬儀費用などが必要な場合は、**相続分の仮払い制度を利用することで所定の計算式に従って金融機関ごとに相続人1名当たり上限150万円まで払い戻すことができます。**

故人の預貯金は相続財産

口座を凍結する前に**お金を引き出して葬儀費用にあてた場合は、領収書を必ず発行**してもらい、用途や金額等を明らかにしておくことが大切です。というのも、故人のお金は相続財産だからです。葬儀費用は相続財産から控除できますが、申請には証明書類が必要になります。

口座が凍結したら引き落としも止まる

口座が凍結されると当然、引き落としができなくなります。電気や水道、ガス、クレジットカードなどの支払いが未払いになるので、早めに名義変更と引き落とし口座の変更を行いましょう。また、口座凍結により未払い金が発生したら、すみやかに清算しましょう。

相続とは違う！
故人の確定申告〝準確定申告〟

誰に必要な手続き？	**該当者**のみ 故人が個人で事業をしていた、不動産を賃貸していた、1月1日～死亡した日まで20万円以上の収入があった場合に、相続人や包括受遺者※1が申告
いつまで？	相続の開始があったことを知った日の翌日から**4カ月以内**
提出先は？	故人の納税地の**税務署**
必要なもの	・**公的年金の源泉徴収票** ・**医療費控除用の領収書** ・**社会保険料領収書**など
注意点	年金だけで暮らしていた故人は手続きが不要

準確定申告で税金が還付される場合もある

準確定申告とは、故人の所得税の清算を行う手続きのこと。年の途中で亡くなった場合に、年末度を待たずに行う確定申告のことです。通常、確定申告は2月16日から3月15日の間に行いますが、亡くなった場合は死後4カ月以内に行います。これは相続人もしくは包括受遺者《ほうかつじゅいしゃ》が申告をする義務があり、税金が戻ってくる（還付）場合があります。

とはいえ、準確定申告はすべての人が行う手続きではありません。**故人が年金だけで暮らしていて、もともと確定申告が不要であった場合には、申告する必要はありません。**

該当者以外は申告不要

準確定申告は、該当者のみ行う手続きです。手続きが必要なケースと不要なケースがあります。

◆準確定申告が必要

1	故人が、個人で事業を営んでいた場合
2	故人に不動産の賃貸や譲渡で所得があった場合
3	故人の給与所得が2000万円※1を超えていた場合
4	給与所得や退職所得以外に合計20万円以上※1の収入があった場合
5	故人が高額の医療費を支払っていた場合※2
6	故人が2カ所以上から給与を受け取っていた場合

※1　1月1日～死亡した日までで計算。
※2　⑤は申告をしなくても問題はないが、還付が受けられる可能性がある。

◆準確定申告が不要

1	故人が年金だけで生活をしていた場合（400万円以下）
2	年金所得が400万円以下で、ほかの収入が計20万円以下※の場合

※1月1日～死亡した日までで計算。

Q 包括受遺者とは?

A 借金も含めて全部または割合指定による一部の遺贈を受ける人のこと

故人の財産を特定せず、プラスもマイナスも含めて包括的に遺産を譲り受ける人で、相続人以外の人のこと。相続人と同等の権利を持ちます。

準確定申告には相続人全員の署名押印が必要

さて、準確定申告は通常の確定申告と大きく違う点があります。それは、手続きを行うときに**相続人と包括受遺者（いる場合）全員の署名と押印を記した「付表」という書類が必要**になることです。付表は通常、1枚に4名の相続人が書けますが、それ以上の人数になった場合は付表の枚数を増やして全員分を提出します。

準確定申告後に相続人が増えたら後日、修正申告を

準確定申告は「相続の開始があったことを知った日の翌日から4カ月以内」です。この時点で相続人全員が確定していることが望ましいのですが、申告後に相続人が増えるケースもあります。その場合は**修正申告を行って、各相続人の納付金額（還付金額）を再計算**します。

POINT

期日までに準確定申告をしないと罰則が発生する

準確定申告の手続きが必要なのに期日までに行わなかったり、申告を忘れると、罰則として税金が課されます。

無申告の場合は「無申告加算税」として金額に応じて15%～20%で計算された税額が課されます。ただし、自主的に期限後申告をした場合は、5%で計算した金額が課されます。さらに申告が遅れた場合は、納付するまでの日数に応じて「延滞税」が課されます。

◆準確定申告書（第一表）の書き方

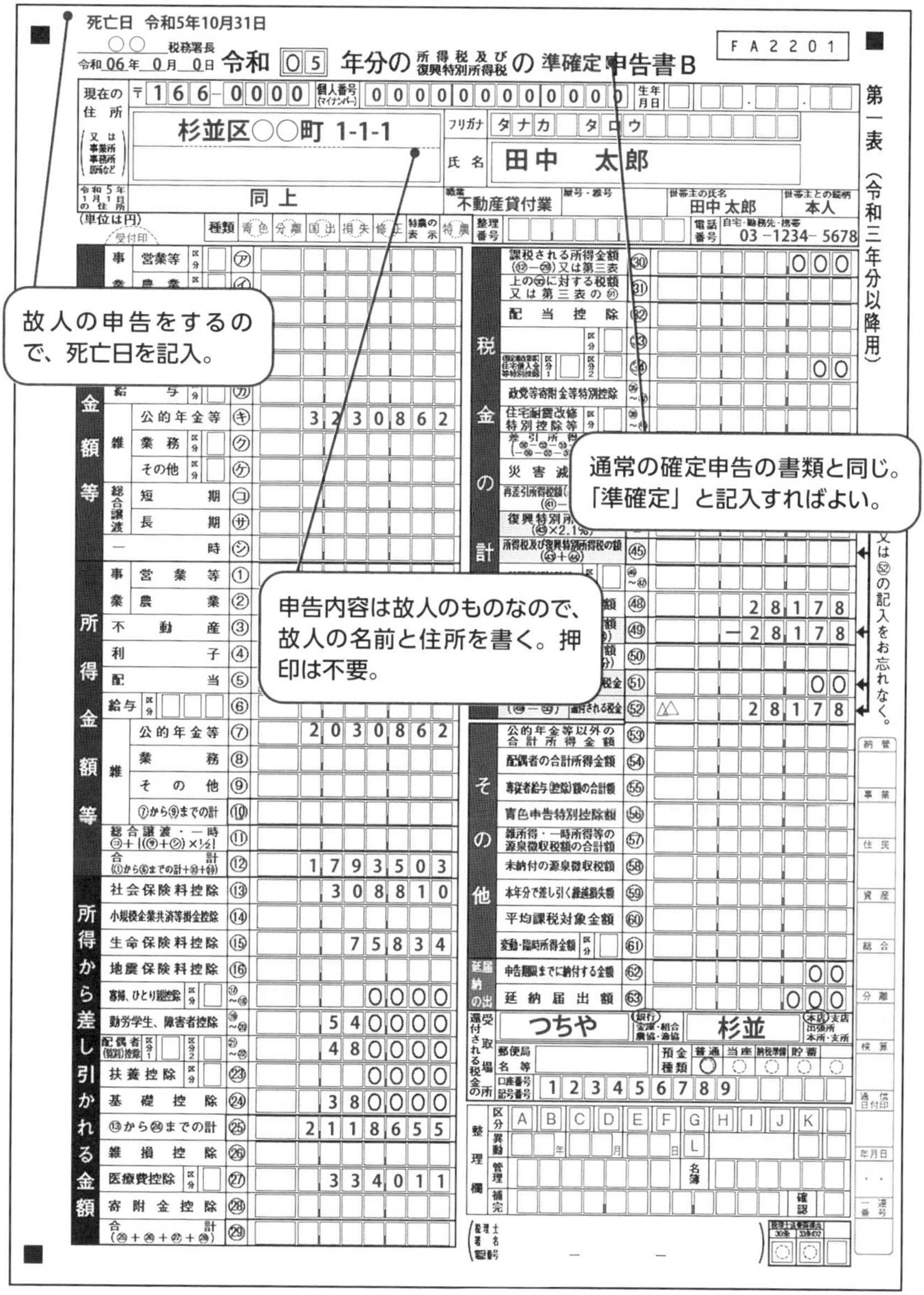
死亡日 令和5年10月31日
○○ 税務署長
令和06年0月0日
令和 05 年分の 所得税及び復興特別所得税 の 準確定申告書B
FA2201
第一表（令和三年分以降用）
現在の住所 〒166-0000
杉並区○○町 1-1-1
フリガナ タナカ タロウ
氏名 田中 太郎
令和5年1月1日の住所 同上
職業 不動産貸付業
世帯主の氏名 田中 太郎
世帯主との続柄 本人
電話番号　自宅・勤務先・携帯　03－1234－5678
故人の申告をするので、死亡日を記入。
通常の確定申告の書類と同じ。「準確定」と記入すればよい。
申告内容は故人のものなので、故人の名前と住所を書く。押印は不要。
公的年金等 ㋖ 3230862
公的年金等 ⑦ 2030862
合計 ⑫ 1793503
社会保険料控除 ⑬ 308810
生命保険料控除 ⑮ 75834
勤労学生、障害者控除 540000
配偶者（特別）控除 480000
扶養控除 ㉓ 0000
基礎控除 ㉔ 380000
⑬から㉔までの計 ㉕ 2118655
医療費控除 ㉗ 334011
⑱ 28178
㊾ －28178
㊾ 28178
受取場所 つちや 銀行 杉並 本店
預金種類 普通
口座番号 123456789

◆準確定申告書（第二表）の書き方

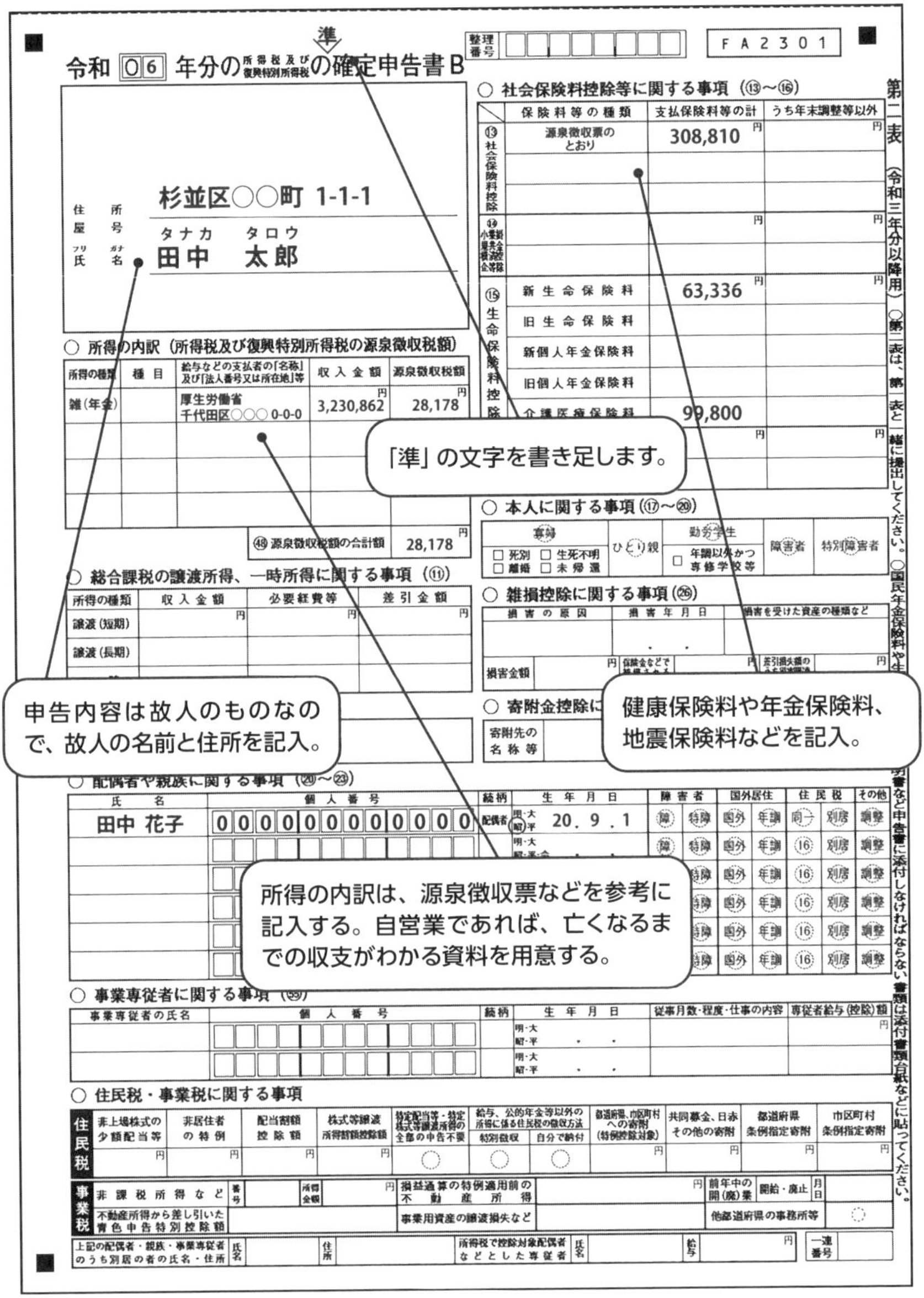

準
令和 06 年分の所得税及び復興特別所得税の確定申告書B
整理番号
FA2301
第二表（令和三年分以降用）
住所
屋号
フリガナ
氏名
杉並区〇〇町 1-1-1
タナカ タロウ
田中 太郎
○ 所得の内訳（所得税及び復興特別所得税の源泉徴収税額）
所得の種類 種目 給与などの支払者の「名称」及び「法人番号又は所在地」等 収入金額 源泉徴収税額
雑（年金） 厚生労働省 千代田区〇〇〇 0-0-0 3,230,862 28,178
㊽ 源泉徴収税額の合計額 28,178
○ 社会保険料控除等に関する事項（⑬～⑯）
保険料等の種類 支払保険料等の計 うち年末調整等以外
⑬ 社会保険料控除 源泉徴収票のとおり 308,810
⑭ 小規模企業共済等掛金控除
⑮ 生命保険料控除 新生命保険料 63,336
旧生命保険料
新個人年金保険料
旧個人年金保険料
介護医療保険料 99,800
○ 本人に関する事項（⑰～⑳）
○ 総合課税の譲渡所得、一時所得に関する事項（⑪）
所得の種類 収入金額 必要経費等 差引金額
譲渡（短期）
譲渡（長期）
○ 雑損控除に関する事項（㉖）
○ 寄附金控除に関する事項
○ 配偶者や親族に関する事項（⑳～㉓）
氏名 個人番号 続柄 生年月日
田中 花子 000000000000 配偶者 昭 20.9.1
○ 事業専従者に関する事項（㊾）
○ 住民税・事業税に関する事項
「準」の文字を書き足します。

健康保険料や年金保険料、地震保険料などを記入。

申告内容は故人のものなので、故人の名前と住所を記入。

所得の内訳は、源泉徴収票などを参考に記入する。自営業であれば、亡くなるまでの収支がわかる資料を用意する。

◆準確定申告のための付表※の書き方

※付表（附表）とは、書類や本文に添えられる表のこと。

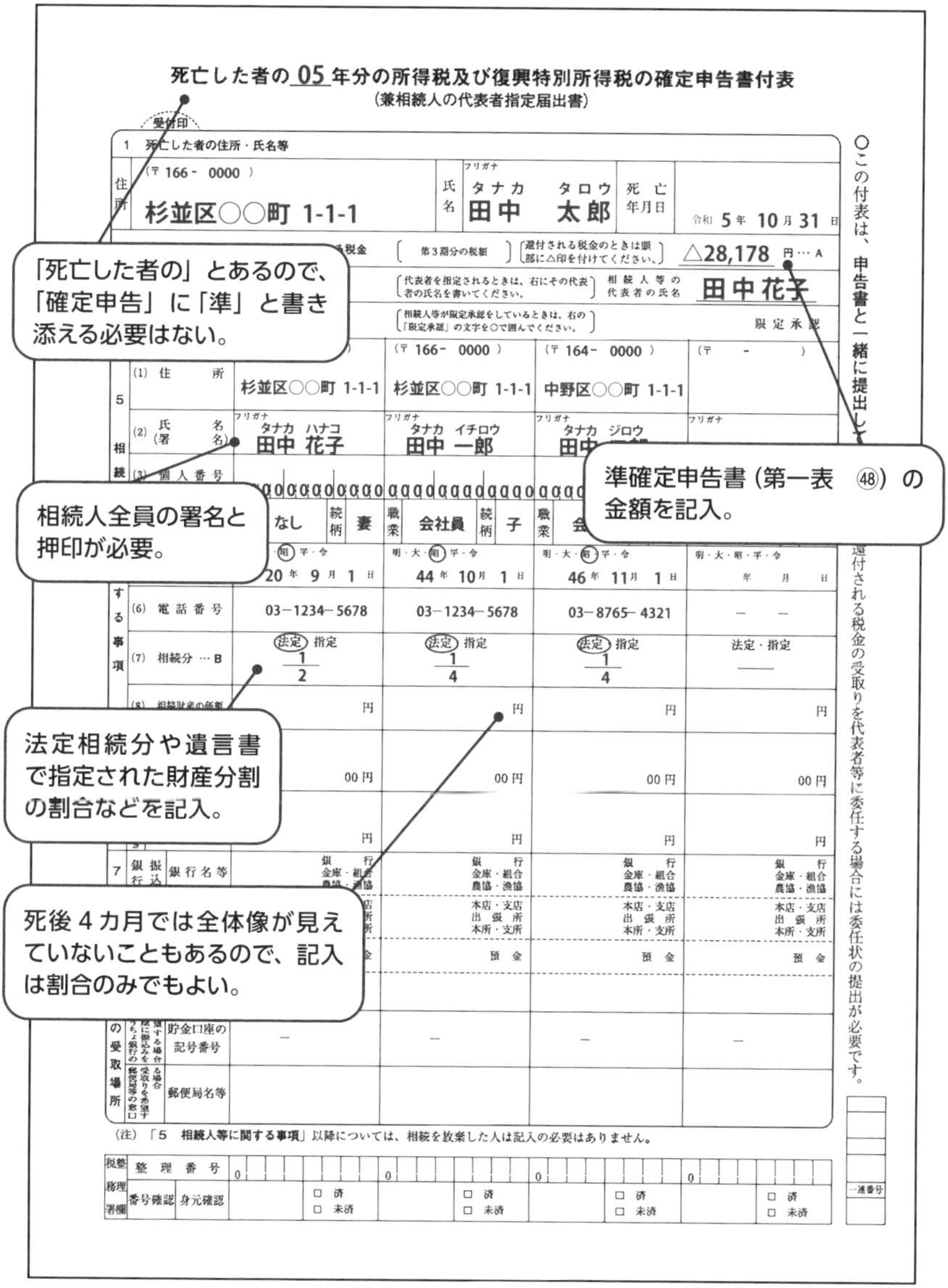

世帯主もしくは相続人が請求できる
高額療養費

誰に必要な手続き？	**該当者**のみ 故人の医療費の自己負担額がある一定を超えたときに、世帯主や相続人が申請可能となる
いつまで？	治療を受けた翌月１日から **２年以内**
提出先は？	故人の住所地の各市区町村の**役所、協会けんぽ**など
必要なもの	・**高額療養費支給申請書** ・**医療機関の領収書** ・故人と申請者の関係がわかる**戸籍謄本**
注意点	健康保険が使えない治療や投薬、差額ベッド代などに関しては支給されない

健康保険の種類と申請書類の確認

高額療養費は国民健康保険や各健康保険、後期高齢者医療制度の加入者が対象の制度で、故人の医療費の自己負担額がある一定額を超えたときに請求できます。請求できるのは世帯主、もしくは相続人です。

故人の医療費を医療機関の領収書などで確認する必要もありますが、国民健康保険なら**故人が診察を受けた月の2カ月後の月末に、自動的に役所から「高額療養費支給申請書」が故人宛に送付される**ので、そこでも申請が必要かどうかを判断することができます。

自己負担額の基準は年齢や所得で異なる

高額療養費の申請基準は、毎月の自己負担額の大きさです。ただし、これは年齢や所得状況によって計算式が異なります。また、**健康保険が使えない治療や投薬を受けていた場合、差額のベッド代、入院中の食事代などは高額療養費の対象外**です。

◆高額療養費の自己負担限度額（70歳未満）（国民健康保険と健康保険）

	所得区分	月額の自己負担限度額
1	・住民税非課税世帯 ・生活保護世帯	35,400円
2	・年間所得～210万円（国保） ・標準報酬月額26万円以下（健保）	57,600円
3	・年間所得210万～600万円（国保） ・標準報酬月額28万～50万円(健保)	80,100円+ (総医療費ー267,000円)×1%
4	・年間所得600万～901万円（国保） ・標準報酬月額53万～79万円(健保)	167,400円+ (総医療費ー558,000円)×1%
5	・年間所得901万～（国保） ・標準報酬月額83万円以上（健保）	252,600円+ (総医療費ー842,000円)×1%

◆高額療養費の計算例（70歳未満）

例えば、3の所得区分の故人が、医療機関に3割負担で月額15万円を支払っていた場合（実際の医療費は50万円）、6万7570円が返金されます。

80,100円＋（500,000円－267,000円）×1％＝82,430円

窓口での自己負担額150,000円－82,430円＝67,570円が返金される

◆高額療養費の自己負担限度額（70歳以上）

	適用区分	外来（個人）	ひと月の上限額
現役並み	年収1,160万円～ 標報83万円以上／課税所得690万円以上	252,600円＋ (医療費－842,000円）×1%	
現役並み	年収770万円～約1,160万円 標報53万円以上／課税所得380万円以上	167,400円＋ (医療費－558,000円）×1%	
現役並み	年収370万円～約770万円 標報28万円以上／課税所得145万円以上	80,100円＋ (医療費－267,000円）×1%	
一般	年収156万円～約370万円 標報26万円以下／課税所得145万円未満など	18,000円 (年144,000円)	57,6000円
住民税非課税等	Ⅱ 住民税非課税世帯	8,000円	24,600円
住民税非課税等	Ⅰ 住民税非課税世帯 (年金収入80万円以下など)	8,000円	15,000円

※70歳以上の場合、外来だけの上限額も設けられています。
※1つの医療機関等での自己負担（院外処方代を含む）では、上限額を超えない時でも同じ月の別の医療機関等での自己負担を合算することができます。この合算額が上限額を超えれば、高額医療費の支給対象となります。

◆高額療養費の計算例（70歳以上）

例えば適用区分が「一般」の人が、外来診療で医療機関に個人月額3万円を支払った場合、高額療養費の自己負担の上限額は1万8000円のため、1万2000円が返金されます（1年間で合計14万4000円以上払った場合は、14万4000円を超える分が返金されます）。

30,000円－18,000円＝ 12,000円　が返金される

◆高額療養費の請求先

国民健康保険	各市区町村の**役所**
健康保険（サラリーマン）	**全国健康保険協会**（協会けんぽ）や**健康保険組合**。 共済組合の場合は、**各共済組合**
後期高齢者医療制度	各市区町村の**役所**

◆高額療養費支給申請書（1ページ目）の書き方

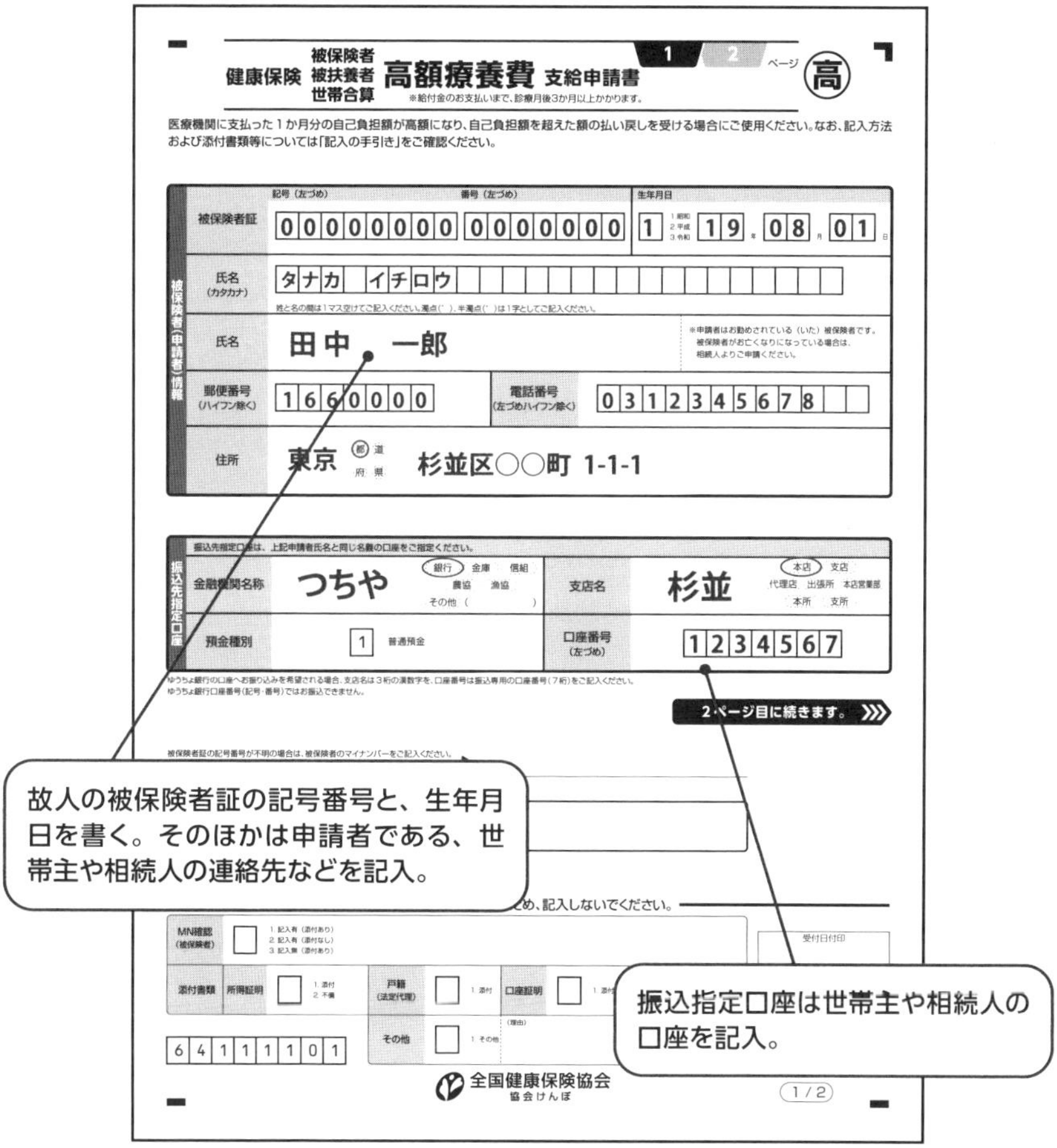

POINT

高額療養費は世帯合算が可能

故人が複数の医療機関で受診していた場合などは、同世帯の家族の自己負担額を「世帯合算」して申請することもできます。ただし、70歳未満の方については、2万1000円以上が対象です。さらに、同世帯で12カ月以内に4回以上、自己負担額が超えたときは、4回目からさらに自己負担額が減る「多数回該当」という制度もあります。

◆高額療養費支給申請書（2ページ目）の書き方

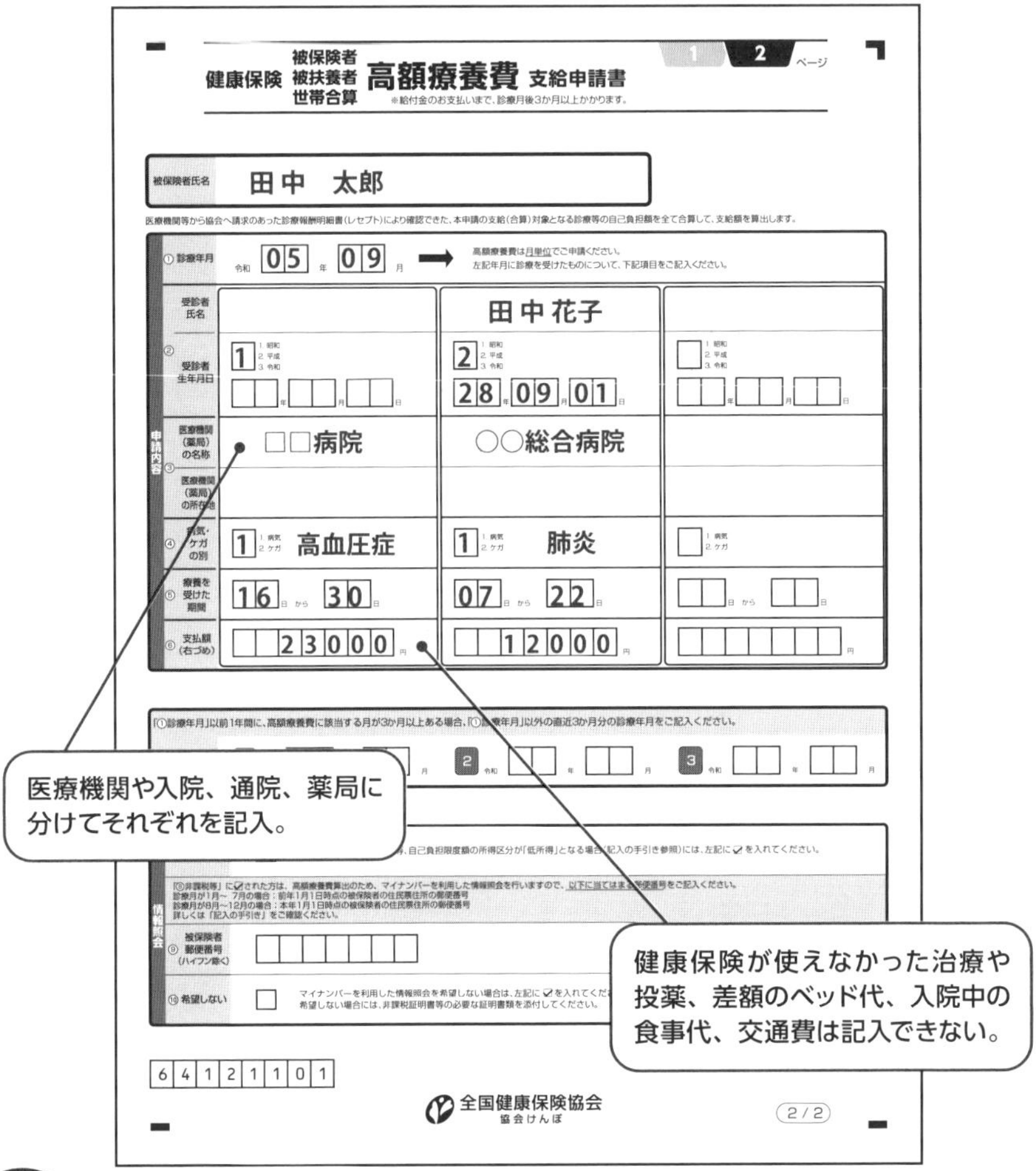

POINT

申請をしなくても払い戻しされる場合もある

故人が生前に高額療養費支給申請の手続きをしていたり、組合健康保険に加入していたりした場合は、申請書を提出しなくても払い戻しされることがあります。

要件を満たすと申請書が送付される
高額介護サービス費

誰に必要な手続き？	**該当者**のみ 故人が介護サービスを受けていた場合に相続人が申請可能
いつまで？	介護サービスを受けた翌月１日から**２年以内**
提出先は？	故人の住所地の各市区町村の**役所**
必要なもの	・**高額介護サービス費申請書** ・**介護保険被保険者証** ・サービスを受けた際の**領収書** ・申請者の**印鑑**　・**振込先口座** ・故人と申請者の関係がわかる**戸籍謄本** など
注意点	支給の要件を満たす人には、約３カ月後に通知と申請書が送付される

申請書にしたがって手続きを

介護サービスの利用には、月々上限額が設定されています。※1一般的な所得の人の上限負担額は※2 3万7200円ですが、1カ月に支払った金額がこれを超えると、その分が払い戻しされます。

高額介護サービス費申請書は支給要件を満たしたときに市区町村の役所から送られてくるので、それにしたがって手続きを行いましょう。そのため、申請書を用意して請求するものではありません。

※1同一世帯内に課税所得145万円未満の65歳以上がいる場合。
※2同一世帯内に課税所得145万円以上の65歳以上の人が1人いる場合などは、4万4400円。

18歳以下の子ども、20歳未満の障害のある子どもがいる場合

児童扶養手当

誰に必要な手続き？	**該当者**のみ 18 歳以下の子ども、もしくは 20 歳未満で障害（1 級、2 級）のある子どもを持つ父、母、そのほか養育している人
いつまで？	**すみやかに**
提出先は？	養育している人の住民票がある各市区町村の**役所**
必要なもの	・請求者と対象児童の**戸籍謄本**※ ・世帯全員の**住民票** **・請求者名義の通帳と印鑑** ・請求者の**年金手帳**
注意点	受給するには一定の所得制限がある。各自治体により、手続き書類が異なる場合がある

※戸籍法の改正により令和 6（2024）年度中にマイナンバーカードを提示すれば戸籍謄本の提出が不要になる予定。

遺族年金の受給条件に当てはまらなくても子どもがいるなら支給の対象に

児童扶養手当は、18歳以下の子どもを持つひとり親家庭や、20歳未満で障害（1級、2級）のある子どもを持つ父、母、そのほか養育している方に支給される手当です。

一定の所得制限や、遺族年金などを受給している場合は支給されません。ただし一部例外として、**遺族年金や老齢年金などの年金額が児童扶養手当額より低い場合は、その差額分の児童扶養手当を受給**できます。

受給には審査があり、継続して受給する場合には毎年8月に更新手続きを行う必要があります。

◆児童扶養手当の所得制限

扶養親族等の数	受給資格者の年間収入（所得）		扶養義務者等の所得制限限度額
	全部支給	一部支給	
0人	49万円未満	192万円未満	236万円未満
1人	87万円未満	230万円未満	274万円未満
2人	125万円未満	268万円未満	312万円未満
3人	163万円未満	306万円未満	350万円未満

※以降1人増えるごとに38万円が加増されます。
※所得とは、収入から必要経費（給与所得控除等）を差し引き、養育費の8割加算した額です。
※扶養親族の人数が「0人」という設定は、例えば離婚して子どもが父親の扶養になっているまま母親と2人で生活しているような場合の母親の扶養親族数を指します。
※扶養義務者とは、受給資格者と同居している直系の親族（父母や祖父母など）や兄弟姉妹などのことを指します。離婚して子どもと実家で暮らしている場合は、実家の両親が扶養義務者に当たります。

例えば、母と子の2人世帯の場合、**親の収入（受給資格者の収入）が160万円未満（所得で87万円未満）ならば全額が支給**され、**収入が160万円以上365万円未満（所得で87万円以上230万円未満）ならば一部支給**となります。所得が365万円以上の場合は支給されません。

◆児童数と月額支給額

児童扶養手当の支給月額は、扶養対象児童の人数に応じて金額が加算されます。所得制限による一部支給の場合は、所得に応じて10円単位で支給額が変動します。

児童数	全部支給	一部支給
児童1人のとき	44,140円	44,130～10,410円
児童2人のときの加算額	＋10,420円	＋10,410～5,210円
児童3人目以降の加算額	＋6,250円	＋6,240～3,130円

※児童扶養手当の額は、物価の変動等に応じて金額が改定される物価スライド制です。

アパート経営や店舗経営など
個人事業の承継

誰に必要な手続き？	**該当者**のみ
いつまで？	**原則４カ月以内**
提出先は？	相続人の住所地（納税地）の**税務署**
必要なもの	**・所得税の青色申告承認申請書** **・個人事業の開業届出書**
注意点	相続を開始した日の時期に応じて、**提出する期限が違う**

申告期限は亡くなった日で違う

所得税の青色申告承認申請は、亡くなった日で申告期限が違います。原則、申請期限は亡くなった日から4カ月以内ですが、9月1日～10月31日の間に亡くなった場合はその年の12月31日までに、11月1日～12月31日の間に亡くなった場合は、翌年の2月15日までに申告する必要があります。期限には十分に注意しましょう。

亡くなった日	申告期限
1月1日～8月31日	4カ月以内
9月1日～10月31日	その年（同年）の12月31日まで
11月1日～12月31日	翌年の2月15日まで

個人事業の承継には青色申告承認申請を

故人の個人事業を引き継ぐ（承継する）場合は、まずは故人の所得税の確定申告である「準確定申告」（94ページ）をする必要があります。また、**個人事業主の場合は、事業用財産もすべて遺産になるので、相続税の課税対象**となります。所得税の確定申告（準確定申告）と同様に、相続税にも注意しましょう。

さて、確定申告には青色申告と白色申告がありますが、**事業を引き継いだあとも青色申告の各種特例を利用したい場合は、申告期限内に青色申告承認申請書での申請**が必要です。

青色申告は控除科目と金額が多い

青色申告は、必要経費として認められる科目数・金額のほか、所得金額から控除される科目数・金額も白色申告よりも多いだけに、申告には提出書類の数や項目がたいへん多いです。それらの作成は面倒ですが、パソコンで利用できる会計ソフトを使えば経費や複式簿記の帳簿記入も手軽にできます。そのため個人事業を引き継いだときは、税金面で有利になる青色申告がおすすめです。

◆青色申告の特徴

1	青色申告は、必要経費として認められる科目数・金額が多い
2	青色申告は、所得金額から控除される科目数・金額が多い

◆青色申告4つのメリット

<table>
<tr><td>1</td><td>65 万円の特別控除がある
複式簿記で帳簿をつけていれば 65 万円が、簡易簿記の場合は 10 万円が課税所得から控除されます。年度の途中で開業した場合でも、きちんと期限内に青色申告の承認を受けていれば、全額控除が可能です。
※申告前の所得金額が 60 万円など、控除額 65 万円よりも少ない場合は、所得金額（この場合は 60 万円）が控除額となります。</td></tr>
<tr><td>2</td><td>家族への給与が全額経費になる
事業主の親族が従業員の場合は、一定の条件はあるものの、その給与を必要経費として課税所得から差し引くことができます。</td></tr>
<tr><td>3</td><td>赤字を 3 年間繰り越せる
その年の赤字を 3 年間繰り越すことができます。
例）
2021 年→ 300 万円の赤字　　2023 年→ 100 万円の赤字
2022 年→ 200 万円の赤字　　2024 年→ 800 万円の黒字
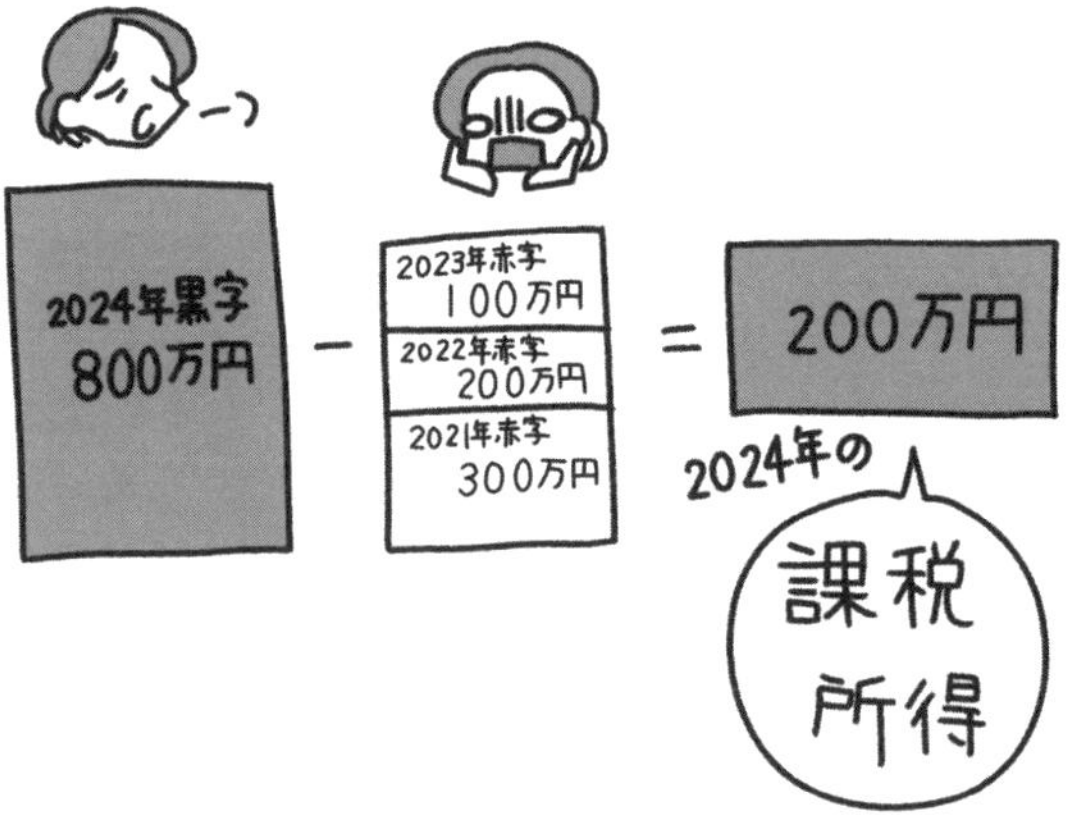

この場合、2024 年の課税所得は 200 万円となります。
※ 800 万円－（300 万円＋ 200 万円＋ 100 万円）＝ 200 万円</td></tr>
<tr><td>4</td><td>30 万円未満の減価償却資産を経費にできる
パソコンなどの高額な商品を購入した場合、30 万円未満のものは購入した年度に全額を経費にすることができるので、課税所得を下げることができます。ちなみに白色申告では 10 万円未満のもののみ一括経費計上できます。</td></tr>
</table>

◆所得税の青色申告承認申請書の書き方

税務署受付印

1	0	9	0

所得税の青色申告承認申請書

〇〇 税務署長

05年 12月 0日提出

納税地	〇住所地・〇居所地・〇事業所等（該当するものを選択してください。） （〒164 － 0000） 中野区〇〇町 1-1-1（TEL 03 －8765－4321）		
上記以外の住所地・事業所等	納税地以外に住所地・事業所等がある場合は記載します。 （〒　　－　　） （TEL　　－　　－　　）		
フリガナ	タナカ　ジロウ	生年月日	〇大正 〇昭和 〇平成 〇令和 46年11月1日生
氏名	田中 二郎		
職業	不動産業	フリガナ 屋号	

令和05年分以後の所得税の申告は、青色申告書によりたいので申請します。

1　事業所又は所得の基因となる資産の名称及びその所在地（事業所又は資産の異なるごとに記載します。）

名称＿＿＿＿　所在地 中野区〇〇町 1-1-1

名称＿＿＿＿　所在地＿＿＿＿

2　所得の種類（該当する事項を選択してください。）

〇事業所得・〇不動産所得・〇山林所得

3　いままでに青色申告承認の取消しを受けたこと又は取りやめをしたことの有無

(1)　〇有（〇取消し・〇取りやめ）＿＿年＿＿月＿＿日　(2)　〇無

4　本年1月16日以後新たに業務を開始した場合、その開始した年月日　05年10月31日

5　相続による事業承継の有無

(1)　〇有　相続開始年月日　05年10月31日　被相続人の氏名 田中太郎　(2)　〇無

6　その他参考事項

(1)　簿記方式（青色申告のための簿記の方法のうち、該当するものを選択してください。）

〇複式簿記・〇簡易簿記・〇その他（　　　）

(2)　備付帳簿名（青色申告のため備付ける帳簿名を選択してください。）

〇現金出納帳・〇売掛帳・〇買掛帳・〇経費帳・〇固定資産台帳・〇預金出納帳・〇手形記入帳
〇債権債務記入帳・〇総勘定元帳・〇仕訳帳・〇入金伝票・〇出金伝票・〇振替伝票・〇現金式簡易帳簿・〇その他

(3)　その他

関与税理士

（TEL　　－　　－　　）

税務署整理欄	整理番号	関係部門連絡	A	B	C		
	0						
	通信日付印の年月日	確認					
	年　月　日						

事業を引き継ぐ人の情報を記入。

青色申告承認の取り消しや取りやめの経験の有無は、ほとんどの人が「無」でOK。

相続人の場合は、「有」を選択し、開始日と被相続人の氏名を記入。

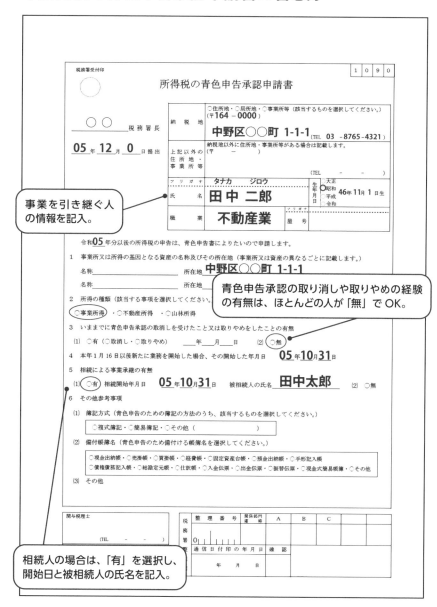

健康保険などからの補助金

葬祭費、埋葬料、埋葬費

故人が加入していた保険と制度の確認を

葬祭費や埋葬料は、故人が加入していた各健康保険などから補助金が給付される制度です。故人が加入していた健康保険の種類を確認して、各所に申請しましょう。ちなみに補助金の名称は、国民健康保険、共済組合健康保険、後期高齢者医療制度は「葬祭費」、そのほかの健康保険は「埋葬料」です。「埋葬費」という名称もありますが、これは故人に生計を維持され、かつ埋葬を行った人に給付される費用のことを指し、「埋葬料」とは支給金額が異なることがあります。

◆用語解説

葬祭費	国民健康保険、もしくは後期高齢者医療制度から支給される補助金
埋葬料	国民健康保険以外の健康保険から、主に家族に支給される補助金
埋葬費	国民健康保険以外の健康保険で、故人に生計を維持されていた人が埋葬を行った場合に支給される補助金

◆故人が自営業など、もしくは75歳以上だった場合

誰に必要な手続き？	**喪主など、葬祭を行った人**
いつまで？	葬祭を行った日の翌日から**2年以内**
提出先は？	故人の住所地の市区町村の**役所**
必要なもの	**・故人の国民健康保険証** **・葬儀の領収書** **・葬祭を行った人の印鑑**など
注意点	故人の住所地により金額に差があり、3万～7万円が給付される。ほかの健康保険等から葬祭費やそれに相当する給付を受けた場合は国保からは支給されない

◆故人が会社員等だった場合

誰に必要な手続き？	**故人に生計を維持されていて、埋葬を行った人**
いつまで？	**埋葬料：**死亡した日の翌日から**2年以内** **埋葬費：**埋葬を行った日の翌日から**2年以内**
提出先は？	故人の勤務先が加入している**協会けんぽ**、または**健保組合**
必要なもの	・故人の**健康保険証** **・埋葬の領収書** ・故人の**住民票除票** **・埋葬を行なった人の印鑑**など
注意点	埋葬料は5万円、埋葬費は5万円の範囲内で埋葬にかかった実費が支給される。退職後3カ月以内であれば請求できる。被保険者の家族（被扶養者）が亡くなった場合は、家族埋葬料として5万円が支給される

パソコンに関するお悩みQ & A

最近ではネットバンキングや株取引などをインターネットで行っていたり、大切な写真や文章などもパソコンで管理しているものです。故人のパソコンについて、悩みを抱えているご家族も多いようです。

Q パソコン関係で家族に聞いておくべきことは?

A オンライン証券、ネットバンキング、SNSのアカウント、ホームページやブログ、有料サイトのパスワードやアカウントの情報などは聞き出し、メモをしておくとよいでしょう。また、パソコンのほかにUSBメモリ、外付けハードディスクにも写真やメールなど大切な情報がしまわれている可能性があります。それらについても保管場所を尋ねておきましょう。

Q 故人のパソコンが起動できないときは?

A パソコンにパスワードがかかっていて起動できないときは、民間業者の「デジタル遺品管理サービス」でパスワードを解除してもらえます。しかし、故人と家族の大切な情報を業者に明かすことになりますから、慎重さが必要です。やはり、事前に所有者にパスワードを聞いておくことが大切です。ちなみに、スマートフォンなどは、端末それぞれにパスワードがかけられているので、カスタマーセンターでも照会も解除もできません。

第3章

遺族年金の手続き

家族の大黒柱である世帯主が亡くなると、残された家族はこれからの生活に不安を覚えます。そんなときの助けになるのが「遺族年金」です。各種年金と遺族年金について確認しましょう。

残された家族に給付

遺族がもらえる遺族年金

◆遺族年金（国民年金と厚生年金）早見表

故人の年金加入もしくは受給要件と遺族の要件により、①〜⑧のどれかが給付されます。

故人の職業	故人との関係	遺族が受給できる年金の種類	解説
故人が自営業や農業に従事していた場合	子ども※1がいる妻、夫、子ども	①遺族基礎年金	122ページ
	子ども※1がいない妻	②寡婦年金	128ページ
	そのほかの遺族	③死亡一時金	130ページ
故人が会社員だった場合〈故人が老齢基礎（厚生）年金受給者（※2）、または受給資格期間を満たしていた（※3）場合も含む〉	子ども※1がいる妻、夫、子ども	④遺族基礎年金	122ページ
	子ども※1がいる遺族	⑤遺族基礎年金、遺族厚生年金	122ページ、124ページ
	子ども※1がいない遺族	⑥遺族厚生年金、死亡一時金	124ページ、130ページ
	子ども※1がいない40歳〜65歳の妻、もしくは40歳に達したときに遺族基礎年金の支給対象になる子どもがいる妻	⑦遺族厚生年金、中高齢寡婦加算	124ページ、132ページ
	65歳以上の妻	⑧遺族厚生年金、経過的寡婦加算	124ページ、134ページ

※1　子どもは、結婚していない18歳到達年度の末日（3月31日）を経過していない子、または20歳未満で障害年金の障害等級1・2級の子。
※2　老齢基礎（厚生）年金いわゆる年金受給者とは、原則65歳以上で受給資格期間が25年以上の方のこと。
※3　受給資格期間を満たしている場合とは、原則65歳に達していないが、受給資格期間25年を満たしている方のこと。

◆死後10日～5年以内に必要な手続き

死後	手続き内容	解説
10日～14日以内	故人の年金受給停止と未支給年金の請求	84ページ
5年以内	遺族が受給できる年金の確認と手続き	120～136ページ

◆用語解説

遺族基礎年金	国民年金に加入している人が亡くなった場合に、死亡した人によって生計を維持されていた、年収850万円未満の「子どものいる配偶者」、または「子ども※1」に支給される年金。故人が会社員だった場合は、遺族厚生年金と合わせて受給できる	122ページ
寡婦年金	国民年金の保険料を納めた期間（免除期間含む）が10年以上ある夫が死亡したときに、10年以上の婚姻関係にあった妻（60歳～65歳になるまでの間）に給付される年金	128ページ
死亡一時金	国民年金の保険料を納めた期間が3年以上ある人が、年金をもらわずに死亡したときに、生計を同じくしていた遺族に給付される年金	130ページ
遺族厚生年金	故人が厚生年金に加入中であったり、老齢厚生年金の受給資格期間を満たしていたときなどに、遺族に給付される年金	124ページ
中高齢寡婦加算	一定の条件を満たしている故人の妻に対して、遺族厚生年金に加算されて給付される年金。ただし、支給は妻が40歳から65歳になるまでの間で、遺族基礎年金にかわり上乗せされる	132ページ
経過的寡婦加算	65歳以上の妻に、中高齢寡婦加算にかえて経過的寡婦加算が遺族厚生年金に加算される。遺族基礎年金の受給権がある場合（支給停止になっている場合を除く）は、経過的寡婦加算は支給されない	134ページ

※1　子どもは、結婚していない18歳到達年度の末日（3月31日）を経過していない子、または20歳未満で障害年金の障害等級1・2級の子。

すべてのチャートで
遺族年金の給付を確認してみましょう

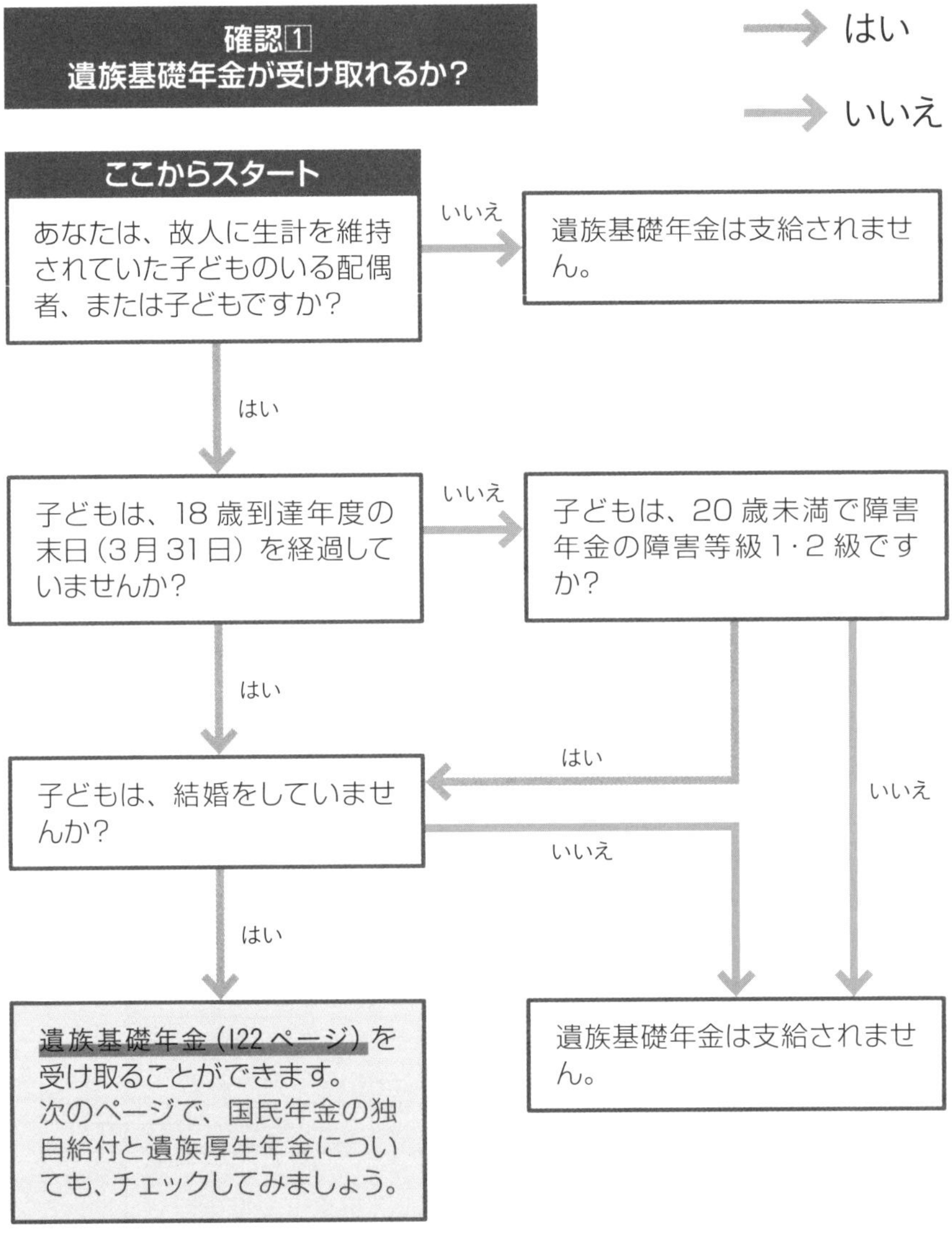
確認1
遺族基礎年金が受け取れるか？
はい
いいえ
ここからスタート
あなたは、故人に生計を維持されていた子どものいる配偶者、または子どもですか？
いいえ
遺族基礎年金は支給されません。
はい
子どもは、18歳到達年度の末日（3月31日）を経過していませんか？
いいえ
子どもは、20歳未満で障害年金の障害等級1・2級ですか？
はい
はい
いいえ
子どもは、結婚をしていませんか？
いいえ
はい
遺族基礎年金（122ページ）を受け取ることができます。
次のページで、国民年金の独自給付と遺族厚生年金についても、チェックしてみましょう。
遺族基礎年金は支給されません。

※チャートはあくまでも受給の可能性を示しています。各制度の要件によっては支給されないこともあります。

確認2
国民年金の独自給付が受け取れるか？

ここからスタート

故人は、国民年金の保険料を納めた期間（免除期間含む）が10年以上あり、年金をもらわずに亡くなりましたか？

→ はい：亡くなった夫と10年以上の婚姻関係（事実上の婚姻関係含む）のあった65歳未満の妻で、自身の年金はまだもらっていない状態ですか？

→ はい：寡婦年金（128ページ）を受け取ることができます。

→ いいえ：故人は、国民年金の保険料を納めた期間が3年以上あったが、老齢基礎年金もしくは障害基礎年金を受け取らずに亡くなりましたか？

→ いいえ：国民年金の独自給付はありません。

→ はい：死亡一時金（130ページ）を受け取ることができます。

確認3
遺族厚生年金が受け取れるか調べてみる。

ここからスタート

故人は、厚生年金保険の被保険者でしたか？

→ いいえ：遺族厚生年金は支給されません。

→ はい：あなたは、故人に生計を維持された人で、次のどれかに当てはまりますか？

①子ども※1がいる配偶者（夫の場合は55歳以上）または子ども
②子どものいない妻または55歳以上の夫
③故人の55歳以上の父母
④故人の孫
⑤故人の55歳以上の祖父母

→ はい：遺族厚生年金（124ページ）を受け取ることができます。

→ いいえ：遺族厚生年金は支給されません。

注）①→⑤で受給順位あり。

※1　子どもは、結婚していない18歳到達年度の末日（3月31日）を経過していない子、または20歳未満で障害年金の障害等級1・2級の子。

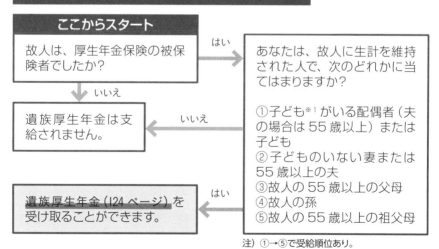

制度の基本と確認

遺族年金の給付条件

故人が加入・受給していた年金の確認を

年金には、日本に住む20歳～60歳のすべての国民が加入している**「国民年金」**と、会社や団体で働く70歳未満の会社員などが加入している**「厚生年金」**があります。自営業や農業などに従事する人は「国民年金」のみに加入し、会社員や公務員のほとんどが、「国民年金」+「厚生年金」の2つに加入しています。このため、故人が加入もしくは受給していた年金の種類によって、遺族がもらえる年金にも違いがあります。

また、遺族がもらえる年金は、故人の保険料の納付期間によっても受給できる金額が変わります。さらに、受給できる遺族にも条件があるほか、条件を満たしていても受給中に条件外になると支給が受けられなくなります。

納付10年でも受給可能

これまで年金の受給には、保険料の最低納付期間が25年必要でしたが、２０１７年8月から、保険料を払った期間が10年以上25年未満の方にも年金が支払われるようになりました。

国民年金の受給額は保険料の納付期間に応じて変わり、加入期間10年で月額約1万６５００円、20年で月額約3万３０００円程度です。この制度改正で遺族年金の故人の納付要件に変更はありませんでした。

共済年金は厚生年金に一元化

これまでの年金には「共済年金」という制度もありました。これは主に、国家公務員や地方公務員、教職員が加入していた年金です。

しかし、平成27年10月より共済年金制度は厚生年金制度に一元化され、原則として厚生年金制度に統一されました。そのため現在は、公務員や教職員も厚生年金に加入しています。

現在は制度の移行期のため、経過措置などが行われています。そのため平成27年10月以降でも、厚生年金への一元化にあたって廃止された「職域部分」の年金が共済加入期間に応じて支給されることもあります。

諸条件により支給される内容が違ってくるので、制度の内容を必ず確認してから手続きをするようにしましょう。

Q 年金制度が難しくてよくわかりません。相談したいときは?

A 年金については「ねんきんダイヤル」へ!

年金にはさまざまな条件や特例措置があります。そのため、条件などの不明点や詳細は「ねんきんダイヤル」で確認をしてもよいでしょう。故人が公務員だった場合は、故人が所属していた共済組合に問い合わせをしてみましょう。

一般的な年金相談に関する問い合わせ

0570-05-1165（ナビダイヤル）

https://www.nenkin.go.jp/

一部IP電話や海外からかける場合は、03-6700-1165（一般電話）

18歳以下の子どもがいるなら
遺族基礎年金

誰に必要な手続き？	**該当者**のみ（118 ページで確認）
いつまで？	**5 年以内**
提出先は？	故人の住所地の市区町村の**役所**。または、**年金事務所**など
必要なもの	**・戸籍謄本**※　**・住民票** **・印鑑**　**・年金手帳**や**年金手帳**など
注意点	事実婚でも請求ができるが、証明する書類が必要

※戸籍法の改正により令和 6（2024）年度中にマイナンバーカードを提示すれば戸籍謄本の提出が不要になる予定。

遺族基礎年金は故人の子のある配偶者と子どもへの年金

遺族基礎年金は、国民年金加入者であった故人の子のある配偶者またはその※子どもに支給される年金です。子どもが年齢を重ねたり、結婚する、または妻や夫本人が再婚すると支給は終了します。さらに、一度権利がなくなると再支給されることはないので、再婚した妻や夫が離婚して独身に戻っても遺族基礎年金の支給はありません。

遺族基礎年金は事実婚でも請求できます。ただし、その場合は故人と婚姻関係にあったことを証明する内縁関係契約書や、生計を同一にしていたことを証明する住民票などの証明書類が必要です。

※子どもは法律上の子に限る。

◆遺族基礎年金を残せる故人の要件

1	国民年金に加入中で、保険料をきちんと納付している
2	国民年金に加入していた60歳以上65歳未満の人で、日本在住者。なおかつ、保険料をきちんと納付している
3	老齢基礎年金の受給権者
4	国民年金の保険料を25年以上納付している

◆遺族基礎年金を受給できる遺族の要件

1	故人に生計を維持されていた年収850万円未満の人で、結婚していない子どもがいる故人の妻や夫、または子ども
2	子どもは、18歳到達年度の末日（3月31日）を経過していない子、または20歳未満で障害年金の障害等級1・2級の子

遺族基礎年金の年額（満額の場合）

◆子のある配偶者に支給される場合の年額

子の数	基本額	加算額	合計
1人のとき	795,000円	228,700円	1,023,700円
2人のとき	795,000円	457,400円	1,252,400円

※令和5(2023)年度の年金額改定により、68歳以上の人は基本額が792,600円になります。
※子の加算額は第1子・第2子が各228,700円、第3子以降は各76,200円になります。

◆子ども本人に支給される場合

子の数	基本額	加算額	合計
1人のとき	795,000円	—	795,000円
2人のとき	795,000円	228,700円	1,023,700円

※第3子以降の加算額は各76,200円になります。合計金額を子の数で割った額が1人当たりの支給額です。

遺族厚生年金

故人が会社員なら

誰に必要な手続き？	**該当者**のみ（119 ページで確認）
いつまで？	**5 年以内**
提出先は？	最寄りの**年金事務所**や**年金相談センター**
必要なもの	・**戸籍謄本**※ ・**世帯全員の住民票**（できるだけ住民票コードが記載され、個人番号の記載がないもの） ・**故人の住民票除票** ・請求者の収入が確認できる**源泉徴収票などの書類** ・**子どもの収入が確認できる書類**（義務教育の場合は不要。高校生の場合は在学証明書や学生証） ・**死亡診断書**　・**受取人の通帳**　・**印鑑**
注意点	年金加入期間確認通知書や年金証書が必要な場合も

※戸籍法の改正により令和 6（2024）年度中にマイナンバーカードを提示すれば戸籍謄本の提出が不要になる予定。

要件に該当すれば遺族基礎年金と合わせて受け取れる

遺族厚生年金は、故人が厚生年金に加入している、厚生年金の受給資格期間を満たしているときなどに、遺族に給付される年金です。支給される遺族の範囲も遺族基礎年金よりも広く、故人に生計を維持されていた妻をはじめ、その子どもや孫、55歳以上であれば故人の夫、もしくは故人の父母、祖父母も受給できます。

要件に該当すれば、遺族基礎年金と合わせて受け取れます。

◆遺族厚生年金を残せる故人の要件

1	**厚生年金の加入者**
2	厚生年金の加入中の**病気やケガがもと**で、初診日から**5年以内に死亡**
3	**老齢厚生年金の受給資格期間（25年）を満たしていた**
4	**1級もしくは2級の障害厚生年金の受給権者**

◆遺族厚生年金を受給できる遺族の要件

1	故人の妻
2	**18歳到達年度の末日(3月31日)を経過していない故人の子ども**※**や孫、または20歳未満で障害年金の障害等級1・2級の故人の子どもや孫**
3	**55歳以上の夫**、もしくは**故人の父母**、あるいは**故人の祖父母**

※遺族厚生年金の受給順位は故人の妻、子ども、55歳以上の夫に続き、55歳以上の故人の父母→孫→55歳以上の故人の祖父母。
※子どもは、結婚していない18歳到達年度の末日（3月31日）を経過していない子、または20歳未満で障害年金の障害等級1・2級の子。

◆遺族厚生年金の年額

$$\left(\text{平均標準報酬額}\times\frac{7.125}{1000}\times\text{平成15年3月までの被保険者期間月数}+\text{平均標準報酬額}\times\frac{5.481}{1000}\times\text{平成15年4月以降の被保険者期間月数}\right)\times\frac{3}{4}$$

=

故人の平均給与が35万円(※1)
だった場合、年額約43万円の支給

例えば、要件を満たしている故人の平均標準報酬額が35万円だった場合、遺族厚生年金は年額約43万円となり、子どもが1人いる場合は、遺族基礎年金と合わせると月額は約12万円となります。

※1　故人の厚生年金加入期間は300月とする。
※遺族年金の算出は65歳から年金を受け取った場合の額を基に計算されます。繰下げ受給で増額した金額では計算されないので注意が必要です。

◆国民年金・厚生年金保険遺族給付の書き方

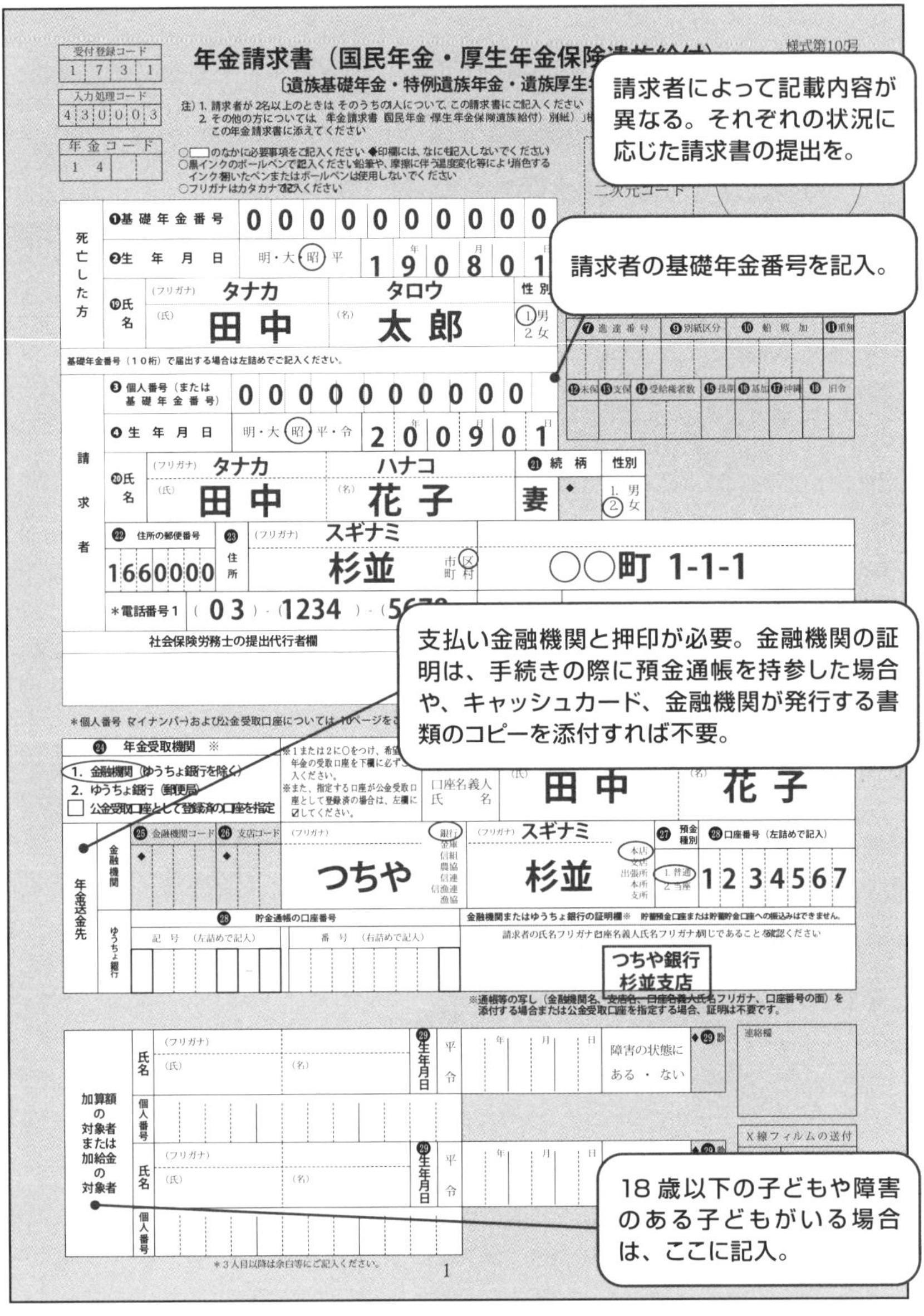

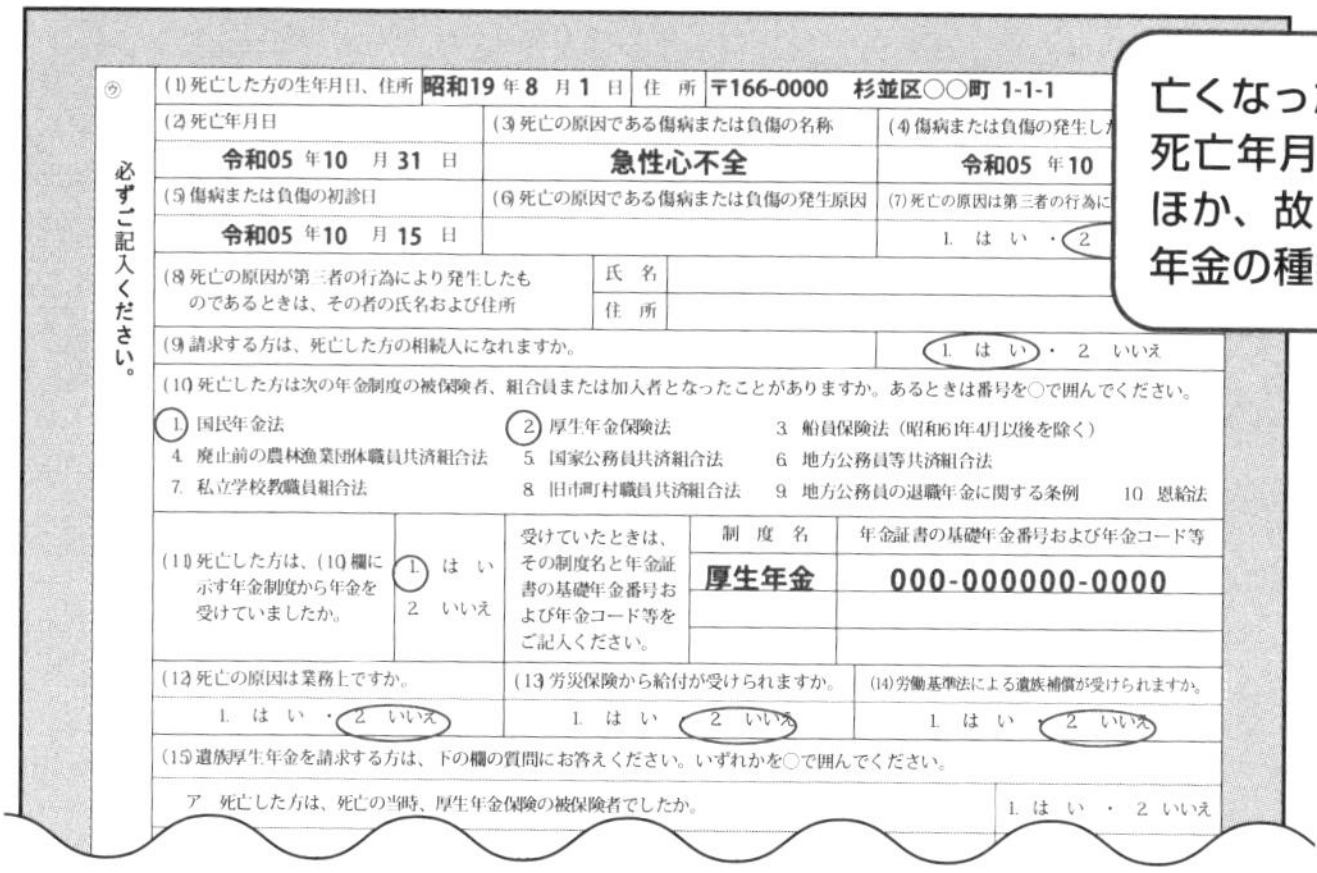

㋒ 必ずご記入ください。

(1)死亡した方の生年月日、住所	昭和19 年 8 月 1 日	住所	〒166-0000 杉並区〇〇町 1-1-1
(2)死亡年月日	(3)死亡の原因である傷病または負傷の名称	(4)傷病または負傷の発生し	
令和05 年 10 月 31 日	急性心不全	令和05 年 10	
(5)傷病または負傷の初診日	(6)死亡の原因である傷病または負傷の発生原因	(7)死亡の原因は第三者の行為に	
令和05 年 10 月 15 日		1. はい ・ ②[circled]	
(8)死亡の原因が第三者の行為により発生したものであるときは、その者の氏名および住所	氏名		
	住所		
(9)請求する方は、死亡した方の相続人になれますか。		①はい[circled] ・ 2 いいえ	

(10)死亡した方は次の年金制度の被保険者、組合員または加入者となったことがありますか。あるときは番号を○で囲んでください。

①[circled] 国民年金法　②[circled] 厚生年金保険法　3. 船員保険法（昭和61年4月以後を除く）
4. 廃止前の農林漁業団体職員共済組合法　5. 国家公務員共済組合法　6. 地方公務員等共済組合法
7. 私立学校教職員組合法　8. 旧市町村職員共済組合法　9. 地方公務員の退職年金に関する条例　10. 恩給法

(11)死亡した方は、(10)欄に示す年金制度から年金を受けていましたか。	①はい[circled] 2 いいえ	受けていたときは、その制度名と年金証書の基礎年金番号および年金コード等をご記入ください。	制度名	年金証書の基礎年金番号および年金コード等
			厚生年金	000-000000-0000

(12)死亡の原因は業務上ですか。	(13)労災保険から給付が受けられますか。	(14)労働基準法による遺族補償が受けられますか。
1. はい ・ ②いいえ[circled]	1. はい ・ ②いいえ[circled]	1. はい ・ ②いいえ[circled]

(15)遺族厚生年金を請求する方は、下の欄の質問にお答えください。いずれかを○で囲んでください。

ア 死亡した方は、死亡の当時、厚生年金保険の被保険者でしたか。　1. はい ・ 2 いいえ

亡くなった人の生年月日や死亡年月日、死亡の原因のほか、故人が加入していた年金の種類などを記入。

遺族年金を受給する人の年金受給状況と、亡くなった人の年金制度加入歴を記入。

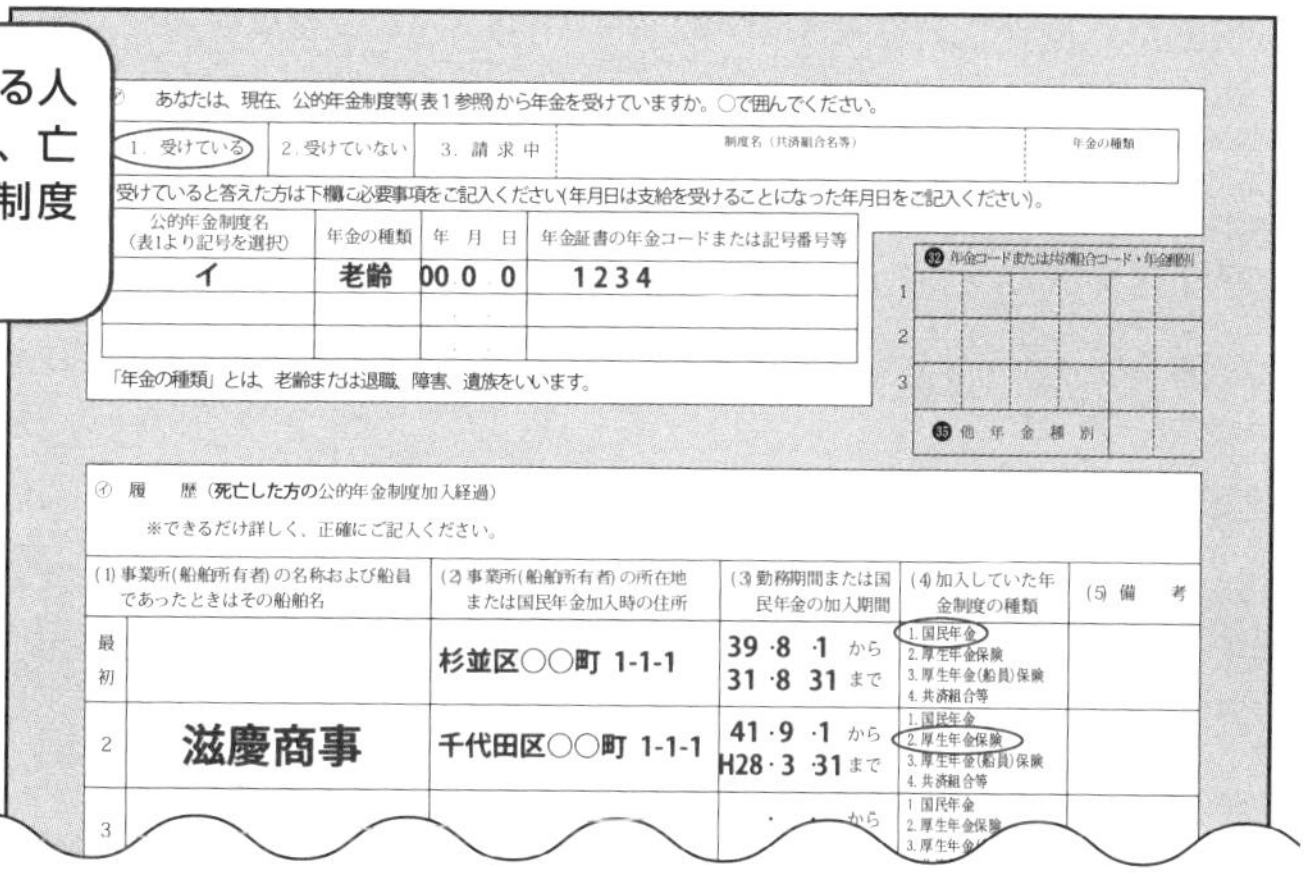

㋕ あなたは、現在、公的年金制度等(表1参照)から年金を受けていますか。○で囲んでください。

①受けている[circled]	2. 受けていない	3. 請求中	制度名（共済組合名等）	年金の種類

受けていると答えた方は下欄に必要事項をご記入ください(年月日は支給を受けることになった年月日をご記入ください)。

公的年金制度名（表1より記号を選択）	年金の種類	年月日	年金証書の年金コードまたは記号番号等
イ	老齢	00 0 0	1234

「年金の種類」とは、老齢または退職、障害、遺族をいいます。

㉜ 年金コードまたは共済組合コード・年金種別
1
2
3
㉝ 他年金種別

㋖ 履歴（死亡した方の公的年金制度加入経過）
※できるだけ詳しく、正確にご記入ください。

	(1)事業所(船舶所有者)の名称および船員であったときはその船舶名	(2)事業所(船舶所有者)の所在地または国民年金加入時の住所	(3)勤務期間または国民年金の加入期間	(4)加入していた年金制度の種類	(5)備考
最初		杉並区〇〇町 1-1-1	39・8・1 から 31・8・31 まで	①国民年金[circled] 2.厚生年金保険 3.厚生年金(船員)保険 4.共済組合等	
2	滋慶商事	千代田区〇〇町 1-1-1	41・9・1 から H28・3・31 まで	1.国民年金 ②厚生年金保険[circled] 3.厚生年金(船員)保険 4.共済組合等	
3			・ ・ から	1.国民年金 2.厚生年金保険 3.厚生年金	

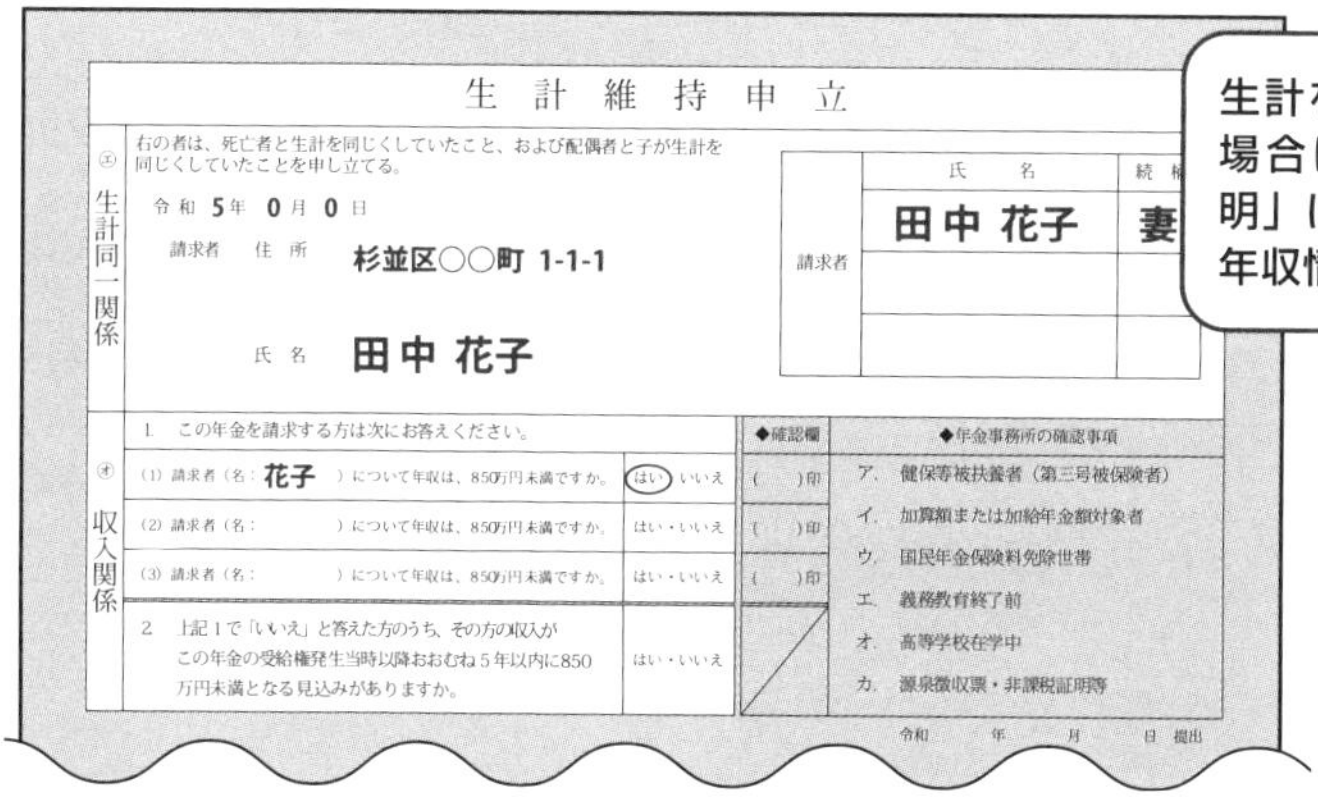

生計維持申立

㋓ 生計同一関係

右の者は、死亡者と生計を同じくしていたこと、および配偶者と子が生計を同じくしていたことを申し立てる。

令和 5年 0月 0日

請求者 住所 杉並区〇〇町 1-1-1

氏名 田中 花子

	氏名	続柄
請求者	田中 花子	妻

㋔ 収入関係

1. この年金を請求する方は次にお答えください。

		◆確認欄
(1) 請求者（名：花子 ）について年収は、850万円未満ですか。	はい[circled] ・ いいえ	( )印
(2) 請求者（名： ）について年収は、850万円未満ですか。	はい・いいえ	( )印
(3) 請求者（名： ）について年収は、850万円未満ですか。	はい・いいえ	( )印
2. 上記1で「いいえ」と答えた方のうち、その方の収入がこの年金の受給権発生当時以降おおむね5年以内に850万円未満となる見込みがありますか。	はい・いいえ	

◆年金事務所の確認事項
ア. 健保等被扶養者（第三号被保険者）
イ. 加算額または加給年金額対象者
ウ. 国民年金保険料免除世帯
エ. 義務教育終了前
オ. 高等学校在学中
カ. 源泉徴収票・非課税証明等

令和 年 月 日 提出

生計を同一にしていた場合は、「生計維持証明」に請求者の氏名や年収情報を記入。

寡婦年金

子どものいない妻に給付

誰に必要な手続き？	**該当者（故人の妻）**のみ（119 ページで確認）
いつまで？	**5 年以内**
提出先は？	故人の住所地の市区町村の**役所**や最寄りの**年金事務所**や**年金相談センター**
必要なもの	・**年金手帳**　・**戸籍謄本**※ ・**世帯全員の住民票**（できるだけ住民票コードが記載され、個人番号の記載がないもの） ・故人の住民票除票 ・請求者の収入が確認できる**源泉徴収票などの書類** ・**受取人の通帳**　・**年金証書**　・**印鑑**
注意点	妻が老齢基礎年金の繰り上げ支給を受けているときは、寡婦年金は支給されない

※戸籍法の改正により令和 6（2024）年度中にマイナンバーカードを提示すれば戸籍謄本の提出が不要になる予定。

子どもがいない場合か、子どもが成人している妻なら確認を

寡婦年金は、子どもを扶養するための年金である遺族基礎年金が受給できない故人の妻で、夫が死亡したときに夫によって生計が維持されており、なおかつ10年以上継続して婚姻関係（事実婚でも可）にあった人の場合に受け取れます。

受給期間は、妻が60歳～65歳になるまでの間です。65歳からは、自分の老齢基礎年金が支給されます。

◆寡婦年金を残せる故人の要件

1	夫（故人）の**国民年金の保険料を納めた期間（免除期間含む）は10年以上**
2	夫（故人）は**老齢基礎年金を受給していない**
3	夫（故人）は**障害基礎年金の受給権者ではない**

◆寡婦年金を受給できる遺族（妻）の要件

1	故人の**妻**
2	夫（故人）と**10年以上の婚姻関係**（事実上の婚姻関係を含む※）
3	故人の妻は**65歳未満**
4	故人の妻は**老齢基礎年金を繰り上げ受給していない**

※事実婚の場合は、内縁関係契約書や生計を同一にしていたことを証明する住民票などの証明書が必要。

◆寡婦年金の年額

年金額＝夫の老齢基礎年金額※ の4分の3

※第1号被保険者期間のみ

寡婦年金の受給額は、夫（故人）が受け取るはずだった老齢基礎年金の額の4分の3です。

例えば、故人が保険料を25年間納めていた場合、78万100円（老齢基礎年金満額）×（保険料を納めた月数300月÷480月）＝約48万7000円となり、この4分の3の額にあたる年額36万5000円が妻に支給されます。

遺族基礎年金が受けられない遺族に支給
死亡一時金

誰に必要な手続き？	**該当者**のみ（119 ページで確認）
いつまで？	死亡の翌日から **2 年以内**
提出先は？	故人の住所地の市区町村の**役所や**最寄りの**年金事務所や年金相談センター**
必要なもの	**・故人の年金手帳　・戸籍謄本**※ **・故人と世帯全員の住民票**（できるだけ住民票コードが記載され、個人番号の記載がないもの） **・受取人の通帳　・印鑑**
注意点	受給順位があり、①故人の配偶者 ②故人の子ども ③故人の父母 ④故人の孫 ⑤故人の祖父母 ⑥故人の兄弟姉妹。受給順位が 2 位以降の人は、上位順位がいないときにのみ受給できる

※戸籍法の改正により令和 6（2024）年度中にマイナンバーカードを提示すれば戸籍謄本の提出が不要になる予定。

遺族基礎年金が受給できない遺族なら確認を

死亡一時金は、故人と生計を共にしていた遺族が受け取れます。**死亡一時金の特徴は、ほかの年金に比べて請求期間が2年と短く、請求できる人には順番があり、しかも一度きりしか支給がされない**ことです。

さらに、寡婦年金と死亡一時金は、選択によって支給金額が変わります。例えば、妻が65歳近くのときに夫が亡くなった場合、寡婦年金よりも死亡一時金のほうが多く給付される可能性があります。

それぞれの要件をよく照らし合わせましょう。

◆死亡一時金を残せる故人の要件

1	故人は、第1号被保険者として、**国民年金の保険料を納めた期間が3年以上**ある
2	故人は、**老齢基礎年金を受給していない**
3	故人は、**障害基礎年金を受給していない**

◆死亡一時金を受給できる遺族の要件

1	**故人と生計を同一**にしていた
2	故人の**配偶者、子ども、父母、孫、祖父母、兄弟姉妹**のうちのいずれかに当てはまる
3	遺族基礎年金の支給を受けられる**遺族がいない**

◆死亡一時金の額（一括支給）

支給額は12万円～32万円

死亡一時金の額は、保険料を納めた月数に応じて違います。また、受給にも順位があります。

保険料の納付月数	支給額
36月～180月未満	120,000円
180月～240月未満	145,000円
240月～300月未満	170,000円
300月～360月未満	220,000円
360月～420月未満	270,000円
420月以上	320,000円

受給順位	
1	配偶者
2	子ども
3	父母
4	孫
5	祖父母
6	兄弟姉妹

※死亡した月の前月までに付加保険料納付期間が36月以上ある場合は、上記金額に8,500円が加算される。

子どものいない40歳～65歳の妻に可能性

中高齢寡婦加算

夫に先立たれた妻に加算される場合もある

中高齢寡婦加算は、遺族厚生年金に上乗せされる年金で、**故人の妻に加算支給される制度**です。故人の妻（配偶者）への支給というと、国民年金の遺族基礎年金や国民年金の寡婦年金もありますが、前者は子どものいない妻には支給されない年金です。また、子どもがいてもその子が18歳または20歳（1級・2級の障害の子の場合）に達したら支給されません。

一方、寡婦年金（128ページ）は、妻が60歳～65歳までの間に支給される年金です。

40歳～65歳未満で子どもがいない場合に加算

中高齢寡婦加算は、**夫が死亡したときに妻が40歳以上65歳未満で子どもがいない場合に、40歳～65歳まで加算されます。**また、夫の死亡が「妻が40歳前」でも、妻が40歳の時点で遺族基礎年金を受給できる子どもがいた場合は加算の対象になります。

請求方法はほかの年金と違い、単独で請求できるものではありません。受給条件が揃っている故人の妻には、日本年金機構が自動的に算出し、加算してくれます。

ただし、遺族基礎年金を受給している間は、40歳以降であっても中高齢寡婦加算は行われません。

◆中高齢寡婦加算の対象になる故人の要件

1	夫（故人）は厚生年金の被保険者期間中に死亡
2	夫（故人）は、厚生年金の被保険者期間中の病気やケガが原因で、初診日から5年以内に死亡
3	夫（故人）は、1級、2級の障害厚生年金の受給権者
4	夫（故人）は、厚生年金の被保険者期間が20年以上

◆中高齢寡婦加算の対象になる遺族（妻）の要件

1	夫（故人）の死亡時に妻が40歳以上65歳未満で子ども※がいない
2	夫（故人）の死亡後、妻が40歳に達したときに遺族基礎年金を受けられる子ども※がいた

※18歳到達年度の末日（3月31日）を経過していない子、または20歳未満で障害年金の障害等級1・2級の子。

中高齢寡婦加算の年額と請求

加算される額は令和5年度の満額支給の場合、年額59万6300円

中高齢寡婦加算は、40歳以上65歳未満の子どもがいない故人の妻に行われる加算ですが、単独では加算されないほか、自らは請求できない制度です。遺族厚生年金の請求時に受給の条件が揃っていれば、日本年金機構にて自動算出してくれます。

昭和31年4月1日以前生まれの妻に加算の可能性

経過的寡婦加算

昭和31年4月1日以前生まれの妻に支給される加算給付

経過的寡婦加算は遺族厚生年金の加算給付のひとつで、昭和61（1986）年の年金改正以降、**一定の要件を満たした昭和31（1956）年4月1日以前生まれの妻に加算給付**されています。

単独では請求できない制度で、遺族厚生年金の請求時に受給の条件が揃っていれば、日本年金機構にて自動算出されるものです。

条件は
昭和31年
4月1日以前に
生まれた妻

◆経過的寡婦加算の対象になる故人の要件

1	夫（故人）は、**厚生年金の保険料を納めた期間（免除期間含む）が20年以上**
2	夫（故人）は、厚生年金の被保険者期間が20年未満でも、**老齢厚生年金の受給資格期間を満たしている**

厚生年金
保健料
20年以上
納付

◆経過寡婦加算の対象になる遺族（妻）の要件

1	故人の妻で**昭和 31（1956）年 4 月 1 日以前生まれの人**

◆経過的寡婦加算の年額

加算される額は年額19,865円～594,500円

老齢基礎年金の額に相当する額と合算して、中高齢寡婦加算の額となるよう、生年月日に応じて設定されています。妻の生年月日に応じた額で、若い世代ほど少ない額となります。

子がいる妻の年金給付例

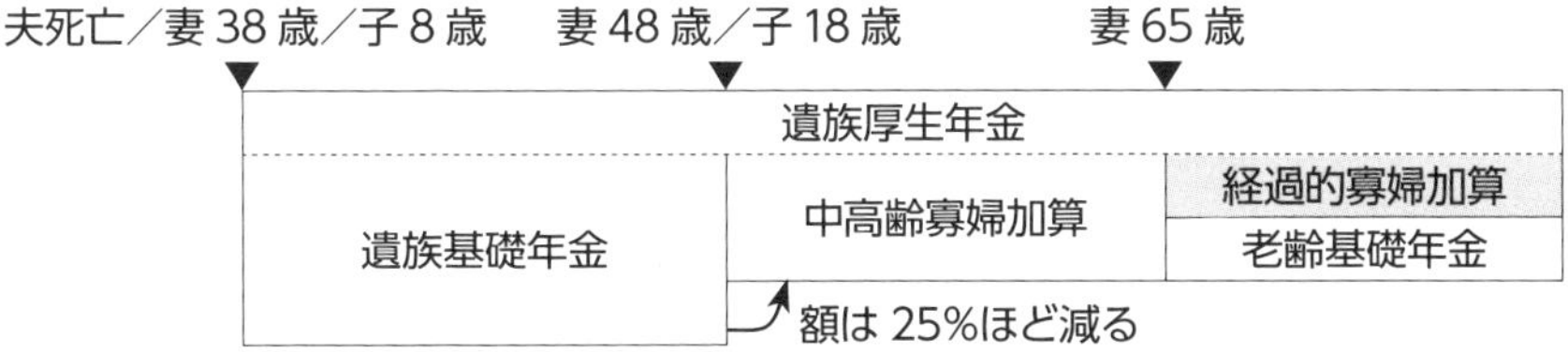
夫死亡／妻 38 歳／子 8 歳
妻 48 歳／子 18 歳
妻 65 歳
遺族厚生年金
遺族基礎年金
中高齢寡婦加算
経過的寡婦加算
老齢基礎年金
額は 25%ほど減る

妻は子どもが18歳になるまで遺族基礎年金と遺族厚生年金が受給できます。子どもが18歳を過ぎると遺族基礎年金にかわって、中高齢寡婦加算が支給され、妻が65歳になると該当者は、遺族厚生年金と自分の老齢基礎年金、経過的寡婦加算が受けられます。

1人1年金が原則だが、2つ以上もらえる場合もある

年金は原則、1人1年金です。もし遺族年金※を受け取っているときにほかに受給できる年金がある場合は、受け取る年金を選ばなければなりませんが、65歳以上の人は、**2つ以上の年金を受け取れる特例もあります。これを「併給《へいきゅう》」といいます**。

※厚生年金は、国民年金に上乗せして支払われる年金のため、遺族基礎年金と遺族厚生年金は 2 つで 1 つとみなされる。

◆65歳以上で2つ以上の年金を受け取れる例

<table>
<tr><td>1</td><td>老齢基礎年金と遺族厚生年金
遺族厚生年金の受給権者で 65 歳以上の場合は、老齢基礎年金と遺族厚生年金を併せて受け取ることができます。
※１　遺族厚生年金と老齢厚生年金の受給権がある場合は、老齢厚生年金は全額受給となり、遺族厚生年金は老齢厚生年金に相当する額の支給が停止となります。
※２　令和４年４月１日時点ですでに 65 歳以上で遺族厚生年金を受け取っていた場合は、次の３つからいずれかの組み合わせを選択することになります。ただし、③は遺族厚生年金の受給権者が死亡した方の配偶者に限ります。
① 遺族厚生年金／老齢基礎年金
② 老齢厚生年金／老齢基礎年金
③ 遺族厚生年金 ３分の２／老齢厚生年金 ２分の１／老齢基礎年金</td></tr>
<tr><td>2</td><td>遺族厚生年金と障害基礎年金
遺族厚生年金の受給権者で 65 歳以上の場合は、遺族厚生年金と自身の障害基礎年金を併せて受け取ることができます。</td></tr>
<tr><td>3</td><td>遺族厚生年金と旧厚生年金保険
もしくは旧国民年金の老齢年金
遺族厚生年金の受給権者で 65 歳以上の場合は、遺族厚生年金と旧厚生年金保険の老齢年金（または通算老齢年金）の２分の１を併せて受け取ることができます。もしくは、遺族厚生年金と旧国民年金の老齢年金（または通算老齢年金）を併せて受け取ることができます。</td></tr>
</table>

Q 選択しなかった年金の権利はどうなる?

A 要件を満たしていれば権利は有効

選択しなかった年金は受給資格を失っているわけではありません。要件を満たしていれば、残っている年金を改めて選択することも可能です。

生命保険

葬儀費用やその後の生活費にもなる

誰に必要な手続き？	**該当者**のみ
いつまで？	**3年以内**
提出先は？	**各保険会社**
必要なもの	・**保険会社から送付されてくる請求書** ・被保険者の**住民票**、受取人の**戸籍謄本** ・受取人の**印鑑証明**　・**保険証券**など
注意点	まずは各保険会社に電話で連絡を。その後は、各保険会社から案内がある

保険金は相続財産になるので取り扱いには注意

保険金の受取人が指定されている場合は、原則として受取人が手続きを行います。また、死亡保険金は契約者、被保険者、受取人がどういう関係にあるかで税の種類と税額が変わります。

契約者	被保険者	受取人	税の種類
夫（死亡）	夫（死亡）	妻（相続人）	相続税
夫（死亡）	夫（死亡）	子ども （相続人）	相続税
夫	妻（死亡）	夫	所得税
夫	妻（死亡）	子ども	贈与税

POINT

困ったときは専門家の力を借りよう！

年金や相続のことなど、手続きには難しいことがたくさんあります。遠慮せず、専門家の力を借りることをおすすめします。

年金や相続のことなど、自分1人で、もしくは家族で処理をしようと思っている人も多いのではないでしょうか？　身内だけで済ませられたなら確かに楽ではありますが、そうもいかないのが相続手続きです。

ひとつの手続きをするにも、そもそもの制度を理解しなければなりませんし、改正される制度の内容も追いかけなければなりません。また、手続きにはそれぞれ期限があります。**期限内に手続きができなければ、追徴課税といった罰則が課せられたり、手続き自体ができなくなることもあります**から、できるだけ迅速に進めましょう。

手続き関係で立ち行かなくなったなら、思い切って専門家の力を借りることをおすすめします。専門家といっても弁護士、税理士、司法書士、行政書士など、それぞれ仕事の範囲が違うので、相談の内容を整理して依頼する専門家を選びましょう。

困ったときにはこの専門家

相続全般について相談したい	司法書士、弁護士
相続争いが起こっている	弁護士
不動産の登記	司法書士
車などの名義変更	行政書士
税金について相談したい	税理士

専門家の主な仕事の範囲

弁護士	法律相談、調停、訴訟等
司法書士	財産分与や遺産相続の不動産の登記、相続人の調査、成年後見に関する手続き等
行政書士	内容証明の作成、相続人の調査等
税理士	税務等

※それぞれの専門家は、相談の内容によっては協力してあたってくれることがあります。

第4章

遺産相続の手続き

遺産相続は、残された遺産の多少にかかわらず、ほとんどの方に関係する手続きです。遺産にはプラスとマイナスのどちらもありますから相続財産や相続人の調査をはじめ、家族で手続きに取り組むことが必要です。

法的手続きが必要

遺産相続

遺産相続とは財産を引き継ぐこと

遺産とは、亡くなった人の財産のことで、遺産相続とはそれを家族などの相続人が引き継ぐことをいいます。

遺産分配の割合は法律で決められている比率がありますが、遺言や相続人間による話し合いでも決めることができます。いずれにしても遺産相続は法の上に成り立ち、法的な手続きが必要です。

相続財産の内容や相続人の状況により手続きはさまざまですが、多くの人に関係する手続きといえるでしょう。

◆遺産相続の主な流れ

死亡届の提出

↓

・年金、生命保険などの手続き※1
・遺言書を探す
・相続人の調査
・相続財産の調査

↓

3カ月以内
・相続人の確定
・相続放棄
・相続の限定承認

↓

4カ月以内
準確定申告

↓

・遺産分割協議
・預貯金や有価証券などの換金、名義変更
・不動産の名義変更

↓

10カ月以内
相続税の申告

※1　年金や生命保険、損害保険の請求期限には数年の猶予があるが、すみやかに行ったほうがよい。

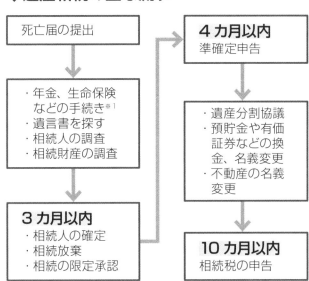

◆財産の種類

遺産にはプラスとマイナスの財産があります。マイナスの財産というと、借金や住宅ローンを思い浮かべますが、未払いの医療費や未納の税金もマイナス財産のひとつです。

プラスの財産

■ 不動産
- 土地や建物
- 農地や山林、原野、鉱泉地
- 借地権や借家権、地上権などの不動産上の権利　など

■ お金
- 現金や預貯金
- 株式や国債などの有価証券
- 貸付金や売掛金
など

■ 動産
- 家財
- 自動車
- 貴金属や美術品
など

■ そのほか
- 損害賠償請求権
- 電話加入権
- 生命保険金※2
など

マイナスの財産

■ 借金
借金、買掛金
住宅ローン
手形　など

■ 公租公課
未払いの所得税
未払いの住民税
など

■ そのほか
未払いの医療費
未払いの家賃
借金の保証義務
(保証人)
損害賠償の責任
など

※2　生命保険金は税務上、相続財産とみなされる。

相続手続きを始める前に

相続に関する一般的な用語

◆相続手続きで覚えておきたい用語

遺産相続をする過程では、さまざまな法的用語の理解が必要です。一般的な用語は覚えておきましょう。

法定相続人	法律で決められている相続人の範囲のこと。相続の順位も決められている。配偶者《常に相続人》、(1) 子ども、孫《直系》、(2) 父母《直系》、祖父母《直系》、(3) 兄弟姉妹。第 2、3 順位の人は、上位順位の人がいないときに相続人になれる。内縁関係の人は法定相続人には含まれない
被相続人	亡くなった人のことで、財産を残した人のこと。ちなみに、相続人とはその財産を受け継ぐ人のことをいう
法定相続分	法律で定められている相続人の財産の取り分のこと
遺産分割協議書	産分割協議において相続人全員の話し合いのもとに誰が、どの財産を、どれだけ受け継ぐかという内容を取りまとめた書類
遺言	一般的には「ゆいごん」、法律上では「いごん」という。亡くなった人の最終の意思表示のことで、それを書面にしたものを「遺言書」という。自分で書いた「自筆証書遺言」は、法務局の遺言書保管制度を利用していない場合は家庭裁判所で「検認」されなければ手続きに使用できない
相続登記	相続による不動産の名義変更のこと
相続放棄	亡くなった人の財産をすべて放棄することをいう。放棄の申述期限は、相続の開始があったことを知った日から 3 カ月以内

遺贈	亡くなった人が遺言書を書くことで、相続人や相続人以外の人へ相続財産を与えることをいう。遺贈を受ける者は受遺者《じゅいしゃ》と呼ばれ、法定相続人である必要もない
生前贈与	生きているうちに財産を譲ること。相続財産は減るので相続税も減るが、贈与された財産には贈与税がかかる
代襲相続	「だいしゅうそうぞく」と読む。相続時に相続人がすでに亡くなっていたり、相続権を失っていた場合に、その子どもが相続人になること
遺留分	一定の相続人が最低限相続できる財産のことをいう。遺留分が保証されている相続人は、配偶者、子ども、父母まで。兄弟姉妹には保証されていない
公正証書遺言	遺言者が公証人へ口頭で遺言の内容を伝え、公証人が作成する遺言書のこと。相続手続きをする際には、家庭裁判所の検認は不要となる
成年後見制度	認知症や精神障害など、判断能力が不十分な方を保護し、支援する制度のこと。遺産分割協議やそのほかの契約を、不利益にならないように支援してくれる

POINT

タンス預金にも注意して

名義預金は銀行などに口座を開いて管理されているものですが、タンス預金にもご注意を。親が亡くなった後に、子どもがクローゼットを開けたら、トイレットペーパーに混じって数百万のお金があったという話もあります。もちろんタンス預金も相続財産のひとつで、相続税の課税対象です。また、宝石も相続財産ですから、もし家の中からお金や貴金属が見つかったら、忘れずに申告しましょう。

相続手続きに影響

遺言書

遺言書が「ある」「ない」で相続の手順が違う

遺言書は、亡くなった人の最終意思表示です。そのため、遺言書があった場合はそれに沿って相続手続きを進めます。

遺言書がない場合は、法律で定められている法定相続分の割合に沿って財産を分配するか、相続人同士で話し合って決める遺産分割協議を経て相続分を決定し、手続きをします。

遺言書の「ある」「なし」で相続の手順が違ってくるため、故人が遺言書を残していないか、自宅の引き出しや金庫などを確認してみましょう。ちなみに、遺産分割協議の途中で遺言が出てきた場合は、遺言のほうが優先度が高いため、手続きを最初からやり直さなければなりません。

また2020年7月に施行された「法務局における遺言書の保管等に関する法律」により、**遺言者が住んでいる地域や本籍地、遺言者が所有する不動産の所在地を管轄する法務局に遺言者の自筆証書遺言が預けられるようになりました。**遺言書の原本を遺言者の死後50年、データ化した画像を死後150年間（遺言者の生死が明らかでない場合は遺言者が120歳になるまで）保管してもらえる制度です。遺言者が死亡すると、相続人等は遺言書の閲覧請求等が行えるようになります。相続人になったら、遺言書が預けられていないか確認することを忘れないようにしましょう。

遺言書3つの種類

遺言書は、法律で定められた様式を満たした書面のみ法的に効力を発揮します。音声による遺言は、法律上遺言としては認められません。

1	自筆証書遺言	自分で書いた遺言書のこと。筆記用具と印鑑さえあれば作ることができるが、法律で定められた遺言書の要件を満たしていなかったり、内容があいまいだと無効になるケースがある
2	公正証書遺言	遺言者の希望を聞いて、公証役場で公証人が作成する遺言書のこと。第三者が介入して作成される遺言書のため、家庭裁判所の検認は必要がない
3	秘密証書遺言	公証役場で手続きをする遺言だが、遺言者が自筆で作成・封印し、公証人にも内容を知られずにできる遺言書。作成後も自分で保管する。利用度は低い

公正証書遺言は公証役場で閲覧、請求できる

故人が公正証書遺言を作っていたかどうか確認したい場合は、最寄りの公証役場で遺言検索することで、閲覧や謄本請求ができます。

誰に必要な手続き？	**該当者**のみ
いつまで？	**すみやかに**
提出先は？	故人が公正証書遺言を作った**公証役場**
必要なもの	・**故人の除籍謄本** ・**請求者の戸籍謄本** ・**運転免許証など身分証明書**
注意点	相続人、受遺者、遺言執行者が請求できる

遺言が出てきたら家庭裁判所に持参

遺言書には、自分で保管をする自筆証書遺言や秘密遺言書があります。もし故人の持ち物から封がしてあるこれらの**遺言書が出てきた場合は、これを勝手に開封して中身を確認してはいけません**。遺言書を見つけたら、必ず家庭裁判所に持って行き「検認」をしてもらいましょう。

「検認」とは、故人の作成した遺言書の現状を確認するための手続きです。裁判所では相続人の立ち会いのもとに検認を行い、確認します。

検認前に相続人が勝手に封を開けて中身を確認してしまった場合は、裁判所から5万円以下の過料に処せられる場合があるので、十分に注意しましょう。

ちなみに、遺言書には公正証書遺言もありますが、これは公証人が遺言者の希望を聞いて書面にした遺言で、作成後は公証役場で保管されています。すでに公文書扱いなので、検認する必要はありません。

Q 遺言が2通あったらどうしたら？

A 2通とも家庭裁判所に持参する

家の中を探したら遺言書が2つ出てきて……という場合も、どちらも勝手に開封してはいけません。2つとも家庭裁判所に持って行き、検認をしてもらいます。遺言書がどちらも法的に有効な文書の場合は、日付が新しい遺言書が有効となります。

法律で定められている 法定相続人の範囲と相続分の割合

法定相続分は順位で割合が違う

法定相続人とは、法律で決められている範囲の相続人のことをいいます。これには**遺産をもらえる順位もあり、法定相続分の割合も違います**。ちなみに、内縁関係の人は法定相続人にはなれません。

常に相続人	**配偶者**
第１順位	**直系卑属の子ども、養子、故人と婚姻関係のない相手との間に生まれた子ども**（認知済みの非嫡出子）、子どもがすでに亡くなっている場合は孫
第２順位	直系尊属の**父母、祖父母**※1
第３順位	**兄弟姉妹**※2、**甥姪**※3

※1　父母が亡くなっていたら祖父母が第２順位の相続人になる。
※2　兄弟姉妹は、上位順位の人がいないときに相続人になれる。
※3　兄弟姉妹が亡くなっていたら、甥姪が相続人になれる。

法定相続における割合

例	相続割合	
配偶者と子ども２人が相続人の場合	配偶者 ２分の１	子ども２人で ２分の１
配偶者と故人の父母が相続人の場合	配偶者 ３分の２	故人の父母で ３分の１
配偶者と故人の２人の兄弟姉妹が相続人の場合	配偶者 ４分の３	故人の兄弟姉妹で ４分の１

遺留分
最低限の財産を相続できる権利

遺言よりも優先される財産保証

遺留分とは、法定相続人の第3順位である兄弟姉妹を除いた相続人が、最低限の財産を相続できる留保分のことをいいます。有効な遺言書がある場合でも、相続人が遺留分を主張すれば、遺言書よりも優先される権利です。例えば、「愛人に全財産をあげる」「長男にすべての財産を譲る」という遺言があった場合でも、配偶者や次男が遺留分を主張すれば、法律で決められた遺留分を受けられます。

遺留分の請求のことを「遺留分侵害額請求」といい、これには注意が必要です。まず、**該当者が権利を主張しなければ遺留分は請求できません。**また、請求は遺留分が侵害されたことを知った日から1年経過するか、相続開始から10年経過したときには請求ができなくなります。

遺留分侵害額は金銭での請求が可能に

２０１９年7月の制度見直しによって、遺留分を侵害された人は遺贈や贈与を受けた人に対して、遺留分侵害額に相当する金額を請求できるようになりました。会社経営者の父（妻は既に死亡）が次期社長の長男に会社の土地建物（評価額1億円）を、長女に預金１０００万円を相続させるという遺言を残した死亡した場合、長女が不服として遺留分侵害額請求をすると会社の土地建物の権利を長男と共有す

◆遺留分の割合

相続人	遺留分の全体の割合	配偶者	そのほかの相続人
配偶者のみ	2分の1	2分の1	—
配偶者と子ども	2分の1	4分の1	4分の1を人数で等分
配偶者と親	2分の1	6分の2	6分の1を人数で等分
子どものみ	2分の1	—	2分の1を人数で等分
親のみ	3分の1	—	3分の1を人数で等分
兄弟姉妹	なし	なし	なし

◆遺留分侵害額請求書の書き方

遺留分侵害額請求書

東京都杉並区〇〇町1丁目1番1号
田中一郎　殿

私は、令和5年10月31日に死亡した父　田中太郎が、すべての財産を長男　田中一郎に相続させる旨の遺言書を残したことを知りましたが、私には遺留分として相続財産の4分の1があり、貴殿は私の遺留分を侵害しています。よって、私は貴殿に対し、遺留分減殺請求をいたします。

令和06年1月〇日
東京都中野区〇〇町1丁目1番1号
田中　二郎　（印：田中）

書類は、遺留分侵害額請求する相手に送る。その際は後日、送ったことを証明できる内容証明で送付する。

ることになりますが、この長女の権利を金銭債権として長男に請求できるため、金銭の支払いをすることで長男は会社の土地建物の権利を長女と共有する必要がなくなるのです。

相続手続きの準備

相続人調査

家族の仲が良くても相続人を戸籍謄本で調べる

相続を行う際、**相続人を確定するために「相続人調査」**を行います。これは故人や相続人の戸籍謄本で、相続人が誰であるかを見極めるための作業です。「うちは身内が少ないし、相続人なんてわかりきっているから」「我が家は、家族の仲がよいから不要ね」という人もいますが、遺族の中で相続人がわかっていたとしても、手続き上では相続関係を客観的に証明するために不可欠な調査です。

戸籍から認知した子どもや養子もわかる

例えば、亡くなった父親に婚姻関係のない相手との間に子ども（非嫡出子）がいた場合、父親がその子どもを認知していれば、戸籍から認知した事実が判明します。

法定相続人では、非嫡出子は第1順位の直系卑属の子どもと法定相続分が同等なので、相続手続きでは見逃せない事柄です。また、孫や甥と養子縁組をしていたケースも少なからずあり、その場合も法定相続分が第1順位になるので注意が必要です。なお相続人情報がまとまったら、法務局で行っている「法定相続情報証明制度」を活用しましょう。この制度を利用すると故人の預貯金の払い戻しや相続税の申告など、各種相続手続きで戸籍書類一式を提出する手間を省くことができます。

◆戸籍謄本の読み方

（3の1）　全部事項証明

本　　籍 氏　　名	東京都杉並区○○町一丁目00番地 田中　太郎
戸籍事項 戸籍改製	【改製日】平成20年6月30日 【改製事由】平成6年法務省令第51号附則
戸籍に記録されている者	【名】太郎 【生年月日】昭和19年8月1日　【配偶者区分】夫 【父】田中与一 【母】田中陽子 【続柄】長男
身分事項 出　　生	【出生日】昭和19年8月1日 【出生地】東京都○○○○○ 【届出日】昭和19年8月5日 【届出人】父 【送付を受けた日】昭和19年9月3日 【受理者】東京都○○○○○
婚　　姻	【婚姻日】昭和42年12月4日 【配偶者氏名】高橋花子 【従前戸籍】東京都世田谷区
戸籍に記録されている者	【名】花子 【生年月日】昭和20年9月1日　【配偶者区分】妻 【父】高橋正一 【母】高橋愛子 【続柄】次女
身分事項 出　　生	【出生日】昭和20年9月1 【出生地】東京都世田谷区 【届出日】昭和20年9月5 【届出人】父
婚　　姻	【婚姻日】昭和42年12月4 【配偶者氏名】田中太郎 【従前戸籍】東京都杉並区
戸籍に記録されている者	【名】一郎 【生年月日】昭和44年10月1日

戸籍は現在コンピュータでデータ化されている。そのため改製日が記されている。

子どもがいる場合は、一番下に名前や続柄、生年月日が記されている。ここから、相続人をたどる。

POINT

戸籍がたどれないときは？

まれに保存期間が過ぎたために戸籍が廃棄されていることがあり、個人では戸籍をたどるのが難しい場合があります。そのようなときは、司法書士などの専門家に相談しましょう。また、子どものいない夫婦に相続が発生した場合には、相続人調査には時間も労力もかかります。このような場合も専門家の力を借りるとよいでしょう。

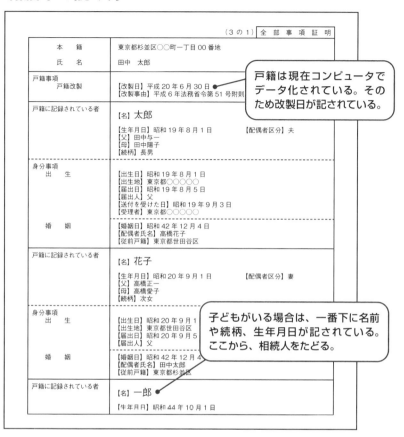

明らかに借金が多いなら
相続放棄

誰に必要な手続き？	**該当者**のみ 相続財産に負債が多い相続人
いつまで？	相続の開始があったことを知ったときから**3カ月以内**
提出先は？	故人の住所地の**家庭裁判所**
必要なもの	・**相続放棄の申述書** ・**故人の住民票除票** ・**故人と放棄する方の戸籍謄本**など
注意点	相続には限定承認という方法もある

明らかに借金が多いなら相続放棄も可能

相続財産にはプラスとマイナスがあることは知られていますが、**明らかにマイナスの財産（借金）が多い場合は、相続放棄をするのも選択のひとつです。**ただし、この申し立てには注意が必要で、**申請期間は相続の開始があったことを知ったときから3カ月以内**です。

この期限を知らずに時間を過ごしてしまったり、葬儀後にひと息ついている間に借金もまるごと相続してしまう人はあとを立ちません。

該当する人にとってはとても大切な手続きなので、期限には十分に注意をしましょう。

相続放棄の特徴

相続人が何人いても、相続放棄はその人ひとりだけで手続きができますが、相続放棄をする前によく考えることが必要です。

1	プラスの財産もマイナスの財産も一切、相続できない
2	相続放棄をしたことで、借金は次順位の相続人が負わなければならない。そのため、相続放棄をする際は、ほかの相続人にも相談をしたほうがよい
3	相続放棄後にプラスの財産が見つかっても、一度、放棄をしたら撤回はできない

手続きが煩雑な限定承認

相続には限定承認という方法もあります。これは、相続財産のうちプラスの財産の範囲内でマイナスの財産を引き継ぐという相続方法です。しかしこれは、相続人全員が共同で申請しなければならないほか、個人で申請するには手続きが難しく、専門家へ依頼すると最低50万円程度の費用がかかるといわれていることから、利用度が低い相続方法です。

1	相続人全員で申請をしなければならない
2	財産の詳細を調べるため手続きが煩雑になり、手続きに1年以上かかることが多く、専門家へ依頼すると最低でも50万円程度の費用がかかる
3	限定承認をすると、相続開始日にすべての資産を故人が相続人に時価で譲渡したとみなされるため、「みなし譲渡所得税」が発生する。したがって、故人の譲渡所得を準確定申告する必要がある

◆相続放棄申述書の書き方

受付印	相　続　放　棄　申　述　書
	（この欄に収入印紙800円分を貼ってください。）
	（貼った印紙に押印しないでください。）
収入印紙　円	
予納郵便切手　円	

準口頭		関連事件番号　平成・令和　年（家　）第　号

○○家庭裁判所 御中 令和 05 年 0 月 0 日	申述人（未成年者などの場合は法定代理人）の記名押印	田中 一郎 （田中）

押印を忘れずに。

添付書類	（同じ書類は1通で足ります。審理のために必要な場合は，追加書類の提出をお願いすることがあります。） ☑ 戸籍（除籍・改製原戸籍）謄本（全部事項証明書）　合計 0 通 ☑ 被相続人の住民票除票又は戸籍附票 ☐

申述人	本籍（国籍）	東京 ㊥都 道府県 杉並区○○町一丁目00番地			
	住所	〒 166－0000　電話 03（1234）5678 東京都杉並区○○町1-1-1（　方）			
	フリガナ 氏名	田中《タナカ》 一郎《イチロウ》	（昭和）平成 令和 44年10月1日生（47歳）	職業	会社員
		※ 被相続人の………（1 子）2 孫 3 配偶者 4 直系尊属（父母・祖父母）5 兄弟姉妹 6 おいめい 7 その他（　）			
法定代理人等	2 後見人 3	住所	〒　－　電話（　）（　方）		
		フリガナ 氏名		フリガナ 氏名	
被相続人	本籍（国籍）	東京 （都）道府県 杉並区○○町一丁目00番地			
	最後の住所	東京都杉並区○○町1-1-1		死亡当時の職業	無職
	フリガナ 氏名	田中《タナカ》 太郎《タロウ》		平成（令和）05年10月31日死亡	

被相続人とは亡くなった人のこと。

（注）太枠の中だけ記入してください。※の部分は，当てはまる番号を○で囲み，被相続人との関係欄の7，法定代理人等欄の3を選んだ場合には，具体的に記入してください。

相続放棄（1/2）

(942080)

申述の趣旨
相続の放棄をする。

申述の理由	
※ 相続の開始を知った日…………令和 **05** 年 **10** 月 **31** 日 (1) 被相続人死亡の当日　　3 先順位者の相続放棄を知った日 2 死亡の通知をうけた日　　4 その他（　　　）	
放棄の理由	相続財産の概略
※ 1 被相続人から生前に贈与を受けている。 2 生活が安定している。 3 遺産が少ない。 4 遺産を分散させたくない。 (5) 債務超過のため。 6 その他（　　）	資産 農地……約 **0** 平方メートル　現金 預貯金………約 **10** 万円 山林……約 **0** 平方メートル　有価証券……約 **0** 万円 宅地……約 **0** 平方メートル 建物……約 **0** 平方メートル 負債…………………………約 **3,000** 万円

（注） 太枠の中だけ記入してください。 ※の部分は，当てはまる番号を○で囲み，申述の理由欄の4，放棄の理由欄の6を選んだ場合には，（　）内に具体的に記入してください。

亡くなった人が残した財産について記入する。負債についても記入する。

POINT

相続放棄のトラブル例

夫（故人）に1000万円の借金があって妻と子どもが相続放棄をした場合、相続権は夫の父母に移ります。つまり、1000万円の借金を夫の父母は負うことになります。また、ここで夫の父母も相続放棄をした場合は、今度は第3順位の兄弟姉妹に相続権が移ります。このように相続放棄は自分だけでなく、実は故人の家族に関係することなので、放棄する前によく話し合いましょう。

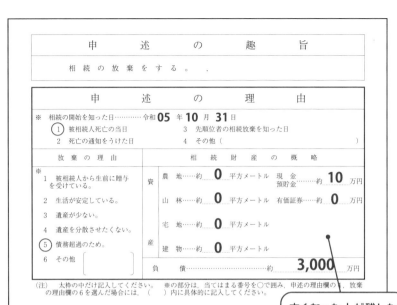

財産はどのくらい、何がある？相続財産を調べる

誰に必要な手続き？	**相続する人**に必要
いつまで？	**すみやかに**
提出先は？	**一覧表は提出義務なし** 相続人の資料として、遺産分割協議の際などに使用できる
必要なもの	特になし
注意点	不動産など、権利関係を調査する必要があるものは照会をし、確認をする

相続手続きが必要な財産を調べる

相続財産には有形と無形があり、なおかつプラスの財産とマイナスの財産があることはこれまでにご紹介したとおりです。

相続手続きを行うにあたっては、それらのうち、我が家にはどのような財産があるか把握しておくことが大切です。**財産調査をして、目録（一覧表）を作成しましょう。**

◆財産調査と目録（一覧表）作成のポイント

1	調査する対象は、相続財産として評価が必要なすべての財産
2	調査の手がかりは、故人の通帳、故人宛の郵便物、故人宛のメールなど
3	目録（一覧表）はプラスの財産だけでなく、マイナスの財産も記載する

◆調査すべき代表的な財産と探すヒント

預貯金、株券などの有価証券	基本は**通帳**で確認ができますが、ネットバンキングの普及で通帳が発行されていないものもあります。その場合は、**通帳に記載された明細**や、故人宛に送られてきた**郵便物**、故人の**メール**を確認しましょう。ちなみに、有価証券などの評価は公認会計士や税理士など、専門家に依頼するとよいでしょう
不動産	不動産の相続には、その種類と評価額が必要です。まずは各市区町村の役所で「**名《な》寄帳《よせちょう》**」を確認し、被相続人名義（故人名義）の**固定資産評価証明書**を発行してもらいましょう。その後は法務局へ赴き、登記簿謄本と土地の公図（土地の図面）を請求し、国税局のホームページから路線価も確認し、金額を計算します
負債	**住宅ローン**や**車のローン**など、**借金**もすべて記載します。金融機関に残高証明書を発行してもらい、そこから把握することができます
そのほか	車や貴金属類は時価がわかればそれを記載します。不明なときは査定などに出して、評価額を調べます。また、故人が受取人となっている**生命保険も相続財産**です。そのほか、家具なども財産のうちですが、高額な家具がなければ、これらは**「家財一式」として5万円や10万円**で相続税の計算上、評価額を出します

目録（一覧表）作成の例

財産目録　　　　作成日：2024年●月●日

No	財産の種類	財産の内容、住所	口座番号、用途など	数量など	概算評価額（円）	備考欄
1	不動産	東京都杉並区○○町 1-1-1	建物	000㎡	30,000,000	ローンあり
2						
3						

遺産分割協議

遺言がないときの遺産の分け方

誰に必要な手続き？	**該当者** 遺言書がない人、もしくは法定相続分で遺産を分けない人
いつまで？	**すみやかに** 相続税の申告がある場合は 10 カ月以内。期間内にすることで特例を受けられることがある
提出先は？	**遺産分割協議書は提出義務なし** 相続人全員が、各自同じ書類を 1 通ずつ保管する
必要なもの	特になし 遺産分割協議書に決まった書式はない
注意点	不動産の名義変更には法務局へ遺産分割協議書を提出する。また、金融機関でも提出を求められることがある

遺産分割協議はほとんどのケースで必要

相続人全員の話し合いをもとに誰が、どの財産を、どれだけ受け継ぐか決めることを遺産分割協議といい、それを書面にしたものを遺産分割協議書といいます。遺言書がない場合や法定相続分で遺産を分けない場合に行われるもので、ほとんどの人が行う手続きといえるでしょう。なお2020年4月から、**夫婦の一方が亡くなった場合に故人が所有していた建物に残された配偶者が亡くなるまで、または一定の期間無償で住める「配偶者居住権」が認められるようになった**ので、遺産分割協議の際には利用を検討するのもいいでしょう。

◆遺産分割協議書の書き方例

遺産分割協議書

被相続人 田中太郎（令和5年10月31日死亡　東京都杉並区○○町1-1-1　本籍東京都杉並区○○町一丁目00番地）の遺産につき、相続人である田中一郎、田中二郎、鈴木美子は、それぞれ次のとおりに財産を取得することを合意する。

誰が何をどれだけ取得するか、明確に記入。

一、　相続人 田中一郎は、次の財産を取得する。
東京都杉並区○○町一丁目　地番：00番地　宅地　72㎡
上同所同番地所在　家屋番号：00番地　木造二階建て建物　建坪35㎡

二、　相続人 田中二郎は、次の財産を取得する。
○○銀行□□支店　普通預金（口座番号：123456789）　金150万円
△△銀行◇◇支店　定期預金（口座番号：987654321）　金150万円

三、　相続人 田中一郎は、相続分の代償として、相続人 鈴木美子に対し、金300万円を支払うものとする。

宅地や家屋は、地番や家屋番号を記入。

本遺産分割協議書を3通作成し、各自一通を保有する。

同じ書類を相続人の3人全員が持つ。

令和6年1月0日

東京都杉並区○○町1-1-1　田中一郎　㊞
東京都中野区○○町1-1-1　田中二郎　㊞
神奈川県横浜市港南区○○町1-1-1　鈴木美子　㊞

住所、署名、実印を忘れずに。

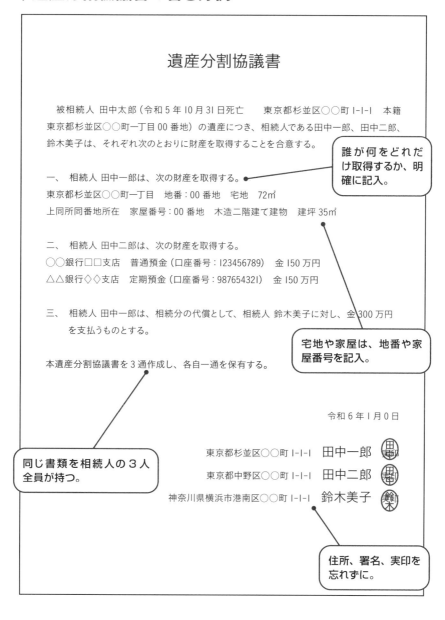

故人に特別の貢献をしていたら寄与分を主張

遺産分割協議によって決定

寄与分とは、被相続人（故人）に特別の貢献があった相続人が、法定相続分を越える遺産を相続できる制度です。寄与分は原則、相続人全員で行う、遺産分割協議によって決定されます。

遺産分割協議の話し合いで寄与分は認めないと言い渡されたら、**家庭裁判所で調停をすることが可能**です。ただし、裁判所で寄与分を認めてもらうには、〝特別の貢献〟をしていたことを証明する必要と、かなりの時間を要します。

特に介護の場合、親子関係には扶養義務があり、扶養義務者に対する看護や介護は法律上では当然のことなので、貢献していた事実を示す書類が必要です。介護に費やした時間を証明することは難しいですが、治療器具の購入費や送り迎えのためのタクシー代など領収書がある場合は、申し立ての際に提出しましょう。

Q 長男の嫁が義父を介護した場合の寄与分は?

A 「特別の寄与」が認められます

以前は相続人の配偶者には相続の権利がありませんでしたが、2019年7月からは相続人以外の親族にも故人への生前の寄与に応じて「特別寄与料」が認められています。

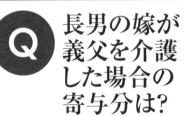

生前、故人から援助を受けていたら特別受益

遺産分割協議で考慮されるべき財産

特別受益とは、被相続人（故人）から生前に贈与、遺贈があったときの財産のことをいいます。寄与分とともに、遺産分割協議で考慮しなければならない財産で、相続分算定の際に計算上、考慮すべきと定められています。

長男が故人から2000万円を援助されていた場合

例えば、父親が亡くなり長男と次男で相続する場合。長男はマイホーム費用として、生前に2000万円を故人から受け取っていたとすると、父親の本当の総財産は2000万円を足した金額です。仮にこの金額を7000万円とすると、長男と次男で各3500万が相続金額になります。しかし、長男はマイホーム費用に2000万円をもらっているので、父が亡くなった際の相続は1500万円が取り分になります。

父親の総財産7000万円兄弟2人が相続人の場合

父親の総財産＝7000万円

⬅

1人の相続金額＝3500万円

＝マイホーム費用分2000万円（受取済）

＋1500万円　⬆**これが特別受益分**

Q 調停とは?

A 裁判ではない。裁判所が間に入って問題を解決すること

相続手続きでは、相続人同士で争いが起きてしまい話し合いが進まないときに「調停」、そして「審判」と、家庭裁判所で問題を判断してもらう場合があります。「どちらも裁判では?」と思われるかもしれませんが、どちらも裁判ではありません。調停は調停委員が間に入って問題を解決します。

一方、審判は調停で話がまとまらないときの次の段階に行う措置で、裁判官が、当事者から提出された書類や家庭裁判所の調査官が行った調査結果等に基づいて判断を決定する制度です。

調停の中でも遺産分割に関するものは、事態の収束まで2〜3年かかるのも珍しくありません。そのため、相続税申告がからむ場合は、期日に注意する必要があります。また、調停も審判も、専門家に依頼するとなれば弁護士が担当することになり、費用は50万円ほどかかります。費用はかかりますが、弁護士の介入で早く問題が解決できますから、精神的な負担は軽くなるでしょう。

POINT

遺贈には「包括遺贈」と「特定遺贈」がある

遺贈とは、被相続人(故人)が遺言書を書くことで、相続人や相続人以外の人へ相続財産を与えることをいいます。そして、遺贈には2種類あり、「包括遺贈」と「特定遺贈」があります。

前者は、相続財産を全部、もしくは一定の割合を指定して行う遺贈をいいます。ほかの相続人と同じ権利義務を持つので、遺贈された割合に従ってマイナスの財産を引き継ぐこともあります。一方、後者は財産を指定して行う遺贈をいいます。遺言で指定をされていなければ、借金などのマイナス財産を引き継ぐことはありません。

相続人同士のトラブルを解決
遺産分割の調停

誰に必要な手続き？	**該当者** 遺産分割協議で話がまとまらなかった場合に共同相続人、包括受遺者、相続分譲受人が申し立て可能
いつまで？	**すみやかに**
提出先は？	**家庭裁判所**
必要なもの	・**遺産分割調停申立書** ・**被相続人（故人）の戸籍謄本** ・**相続人全員の戸籍謄本** ・**相続人全員の住民票** ・**遺産に関する証明書**（不動産登記事項証明書及び固定資産評価証明書、預貯金通帳の写しまた残高証明書、有価証券写し）など
注意点	調停は長引く場合があるため、相続税申告が関わる場合は期限に注意を

遺産分割協議で話がまとまらなかったら、調停から審判に

相続人同士で遺産分割がトラブルになってしまった場合は、**家庭裁判所で遺産分割調停を申し立て、判断を仰ぐ**ことになります。

遺産分割調停は、相続人1人でも申し立てを行うことができます。調停では、調停委員が双方の当事者から事情を聞き、それをよく把握したうえで解決案の提示や助言をしてくれます。

もし、それでも解決できない場合は、審判手続きが開始され、裁判官が書類や調査の結果などに基づいて判断することになります。

◆遺産分割調停申立書の書き方

この申立書の写しは，法律の定めるところにより，申立ての内容を知らせるため，相手方に送付されます。

受付印

遺産分割 ☑ **調停** ☐ **審判** **申立書**

（この欄に申立て１件あたり収入印紙１，２００円分を貼ってください。）

（貼った印紙に押印

収入印紙	円
予納郵便切手	円

調停なのか審判なのか、チェックを入れる。

申し立て手数料として1200円分の収入印紙を貼る。

○○ 家庭裁判所 御中 令和 **06** 年 **1** 月 **0** 日	申立人 （又は法定代理人など） の記名押印	**田中 一郎** ㊞（田中）

（審理のために必要な場合は，追加書類の提出をお願いすることがあります。）

☐ 戸籍（除籍・改製原戸籍）謄本（全部事項証明書） 合計 通

票 合計 通 ☐ 不動産登記事項証明書 合計 通

書 合計 通 ☐ 預貯金通帳写し又は残高証明書

計 通 ☐

準口頭

申立書を提出する裁判所の名前と作成日を記入。

被相続人（故人）の情報を内容に従って記入。

当事者		別紙当事者目録記載のとおり	
被相続人	最後の住所	**東京** ㊞都 道 府 県 **杉並区○○町1-1-1**	
	フリガナ 氏名	**田中《タナカ》 太郎《タロウ》**	平成 ㊞令和 **5**年**10**月**31**日死亡

申立ての趣旨
☑ 被相続人の遺産の全部の分割の（☑ 調停 ／ ☐審判）を求める。
☐ 被相続人の遺産のうち，別紙遺産目録記載の次の遺産の分割の（☐ 調停 ／ ☐ 審判）を求める。※1
【土地】 【建物】
【現金，預・貯金，株式等】

申立ての理由			
遺産の種類及び内容	別紙遺産目録記載のとおり		
特別受益 ※2	☑ 有	☐ 無	☐ 不明
事前の遺産の一部分割 ※3	☐ 有	☐ 無	☐ 不明
事前の預貯金債権の行使 ※4	☐ 有	☐ 無	☐ 不明
申立ての動機	☑ 分割の方法が決まらない。 ☐ 相続人の資格に争いがある。 ☐ 遺産の範囲に争いがある。 ☐ その他（ ）		

（注）太枠の中だけ記入してください。☐の部分は該当するものにチェックしてください。

※1 一部の分割を求める場合は，分割の対象とする各遺産目録記載の遺産の番号を記入してください。

※2 被相続人から生前に贈与を受けている等特別な利益を受けている者の有無を選択してください。「有」を選択した場合には，遺産目録のほかに，特別受益目録を作成の上，別紙として添付してください。

遺産の一部の分割の有無を選択してください。「有」を選択した場合には，遺産目録の 別紙として添付してください。

共同相続人が民法９０９条の２に基づいて単独でした預貯金債権の行使の有無を選択して 遺産目録【現金，預・貯金，株式等】に記載されている当該預貯金債権の欄の備考欄

遺産（1/ ）

申し立ての趣旨と理由にも、それぞれチェックを入れる。

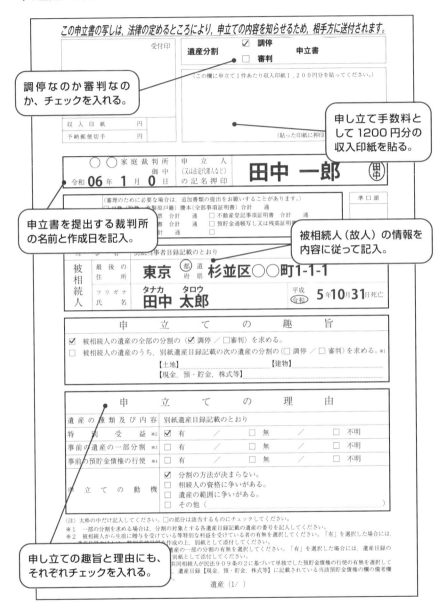

この申立書の写しは，法律の定めるところにより，申立ての内容を知らせるため，相手方に送付されます。

当　事　者　目　録

☑申立人 □相手方	住所	〒166－0000 杉並区〇〇町1-1-1　（　　方）
	フリガナ 氏名	田中《タナカ》 一郎《イチロウ》　大正・(昭和)・平成・令和 44年10月1日生（47歳）
	被相続人との続柄	長男
□申立人 ☑相手方	住所	〒164－0000 中野区〇〇町1-1-1
	フリガナ 氏名	田中《タナカ》 二郎《ジロウ》　大正・(昭和)・平成・令和 46年 …（45歳）
	被相続人との続柄	次男
□申立人 ☑相手方	住所	〒233－0000 横浜市港南区〇〇町1-1-1　（　　方）
	フリガナ 氏名	鈴木《スズキ》 美子《ヨシコ》　大正・(昭和)・平成・令和 49年11月1日生（42歳）
	被相続人との続柄	長女
		〒　－

申し立て相手の情報を記入。

遺産の明細を記入する。

遺　産　目　録（□特別受益目録）

【建　物】

番号	所在	家屋番号	種類	構造	床面積	備考
					平方メートル	
1	杉並区〇〇町一丁目	00番	居宅	木造 二階建て	1階 35 00 2階 30 00	

遺　産　目　録（☑特別受益目録）

【現金、預・貯金、株式等】

番号	品目	単位	数量（金額）	備考
1	〇〇銀行□□支店 普通預金 口座番号：123456789		金　1,500,000円	田中二郎

特別受益がある場合は、その明細と贈与を受けた相続人の名前も記入。

判断能力に不安がある場合
成年後見制度

誰に必要な手続き？	**該当者** 認知症が進行している人、判断能力に関して将来に不安を感じる人がいる場合
いつまで？	**すみやかに**
提出先は？	**家庭裁判所**
必要なもの	特になし
注意点	申し立て先は家庭裁判所だが、最寄りの成年後見センターや司法書士でも相談は可能

認知症が進行している一人暮らしの親が心配

成年後見制度は、認知症や知的障害、精神障害などにより、判断能力が十分でない人をサポートする制度です。家庭裁判所に申し立てをすると後見人を選任してくれて、その人の意思を尊重しながら金銭管理や福祉サービスを受けるための手続きを行ってくれます。

後見制度の種類と対象者

1	成年後見人	判断能力が欠けているのが通常の状態の人
2	保佐人	判断能力が著しく不十分な人
3	補助人	判断能力が不十分な人

※後見の種類により手続きできる範囲が違う。どの種類も司法書士が多く務めている。

◆後見人の必要度を確認

相手は日常、問題なく生活ができ、意思疎通がしっかり図れる。

できる

相手は難しい手続きでも1人で可能、さらに活動的だ。

できない

申請すれば、**成年後見人**が支援をしてくれるでしょう。すべての法律行為に対して、代理で手続きしてくれます。

はい

相手の物忘れが多くなったと感じる。

いいえ

申請すれば、**保佐人**が支援をしてくれるでしょう。本人が選択したことに対して、契約や同意、取り消しなどの支援をしてくれます。

はい

いいえ

本人の意思がはっきりしているので、利用はまだ先で大丈夫。

※この結果はあくまでも目安です。
正しくは医師の診断を仰ぎましょう。

申請すれば、**補助人**が支援をしてくれるでしょう。本人が選択したことに対して、契約や同意、取り消しなどの支援をしてくれます。

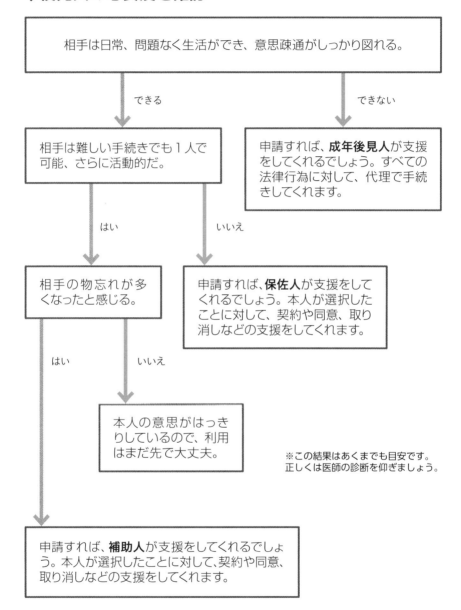

コラム

公正証書遺言のすすめ

妻に息子に娘に……。特定の人物に特定の財産を残したいときは、法的効力の確実性が高い公正証書遺言がおすすめです。

公正証書遺言とは、遺言者が公証人に自分の希望を口頭で伝え、証人2名立ち会いのもとで公証人がそれを遺言書として書面化する制度です。遺言書は作成後、公証役場で原本が保管されるので偽造や紛失の恐れもありませんし、家庭裁判所の検認も必要ありません。

公正証書遺言は公証人を通して作成する遺言書なので、書類としての精度は確実です。特定の相続人に自分の財産を相続させたいときなどに、大変有効といえるでしょう。

公正証書遺言を作成するときは、**公証役場へ出向くか、公証人に出張して**もらいます。その際、法令で定められた作成手数料が必要となります。その費用は財産内容や遺言内容で金額が違いますが、**5万～15万円**程度に収まることが多いでしょう。作成は早ければ1～2週間、普通に進めても約1カ月で作ることができます。また、相続内容に悩んでいるときは、相談も可能です。

メリットが多い公正証書遺言ですが、遺言内容を公証人や証人に知られてしまうので内容を隠しておきたい場合は不向きです。その場合は秘密証書遺言という方法で残すこともできます（145ページ）。いずれにしても、遺言は法的に効力があるものを残すことが、家族を惑わしません。

第5章

相続税の手続き

凍結後の銀行口座の相続や有価証券の相続、自動車、不動産など、多くの人に発生する相続手続きから、相続税の申告・納付についても確認しましょう。

凍結後の口座について
銀行の相続

誰に必要な手続き？	**該当者**のみ 相続人が手続き可能
いつまで？	**すみやかに**
提出先は？	**各金融機関**
必要なもの	・**故人の通帳やカード** ・**故人の貸し金庫の鍵** ・**故人の戸籍謄本**　・**相続人の戸籍謄本** ・**相続人の印鑑証明書**　・**相続人の印鑑** ・**遺産分割協議書**や**遺言書** ・金融機関で用意している**相続届**など
注意点	まずはネットや電話で、各金融機関に確認するとよい。遺産分割協議書がない場合は、所定の用紙と相続人全員の署名押印、印鑑登録証明書があれば手続きを進めることも可能

相続手続きは各金融機関の用紙を使う

銀行で相続手続きを行う場合は、ほとんどの金融機関で所定の用紙が用意されているので、それを使用します。また、遺言書のある・なしで提出する書類が違いますし、**払い戻しはどこの支店でも可能というわけではありません**。各銀行の相続センターや通帳に記載されている支店に電話をかけて、確認から始めましょう。

なお全国の法務局で行っている「法定相続情報証明制度」を利用すれば、各種相続手続で戸籍書類一式の提出が省略できるようになるため、預金口座がいくつもあるような場合に便利です。

◆銀行の相続手続きの主な手順

1	残高証明書を申請する（相続税の申告や相続財産額を確認する際に必要）
2	相続手続き依頼書を銀行に提出。数週間後に払い戻しがある

◆銀行の残高証明依頼書の書き方

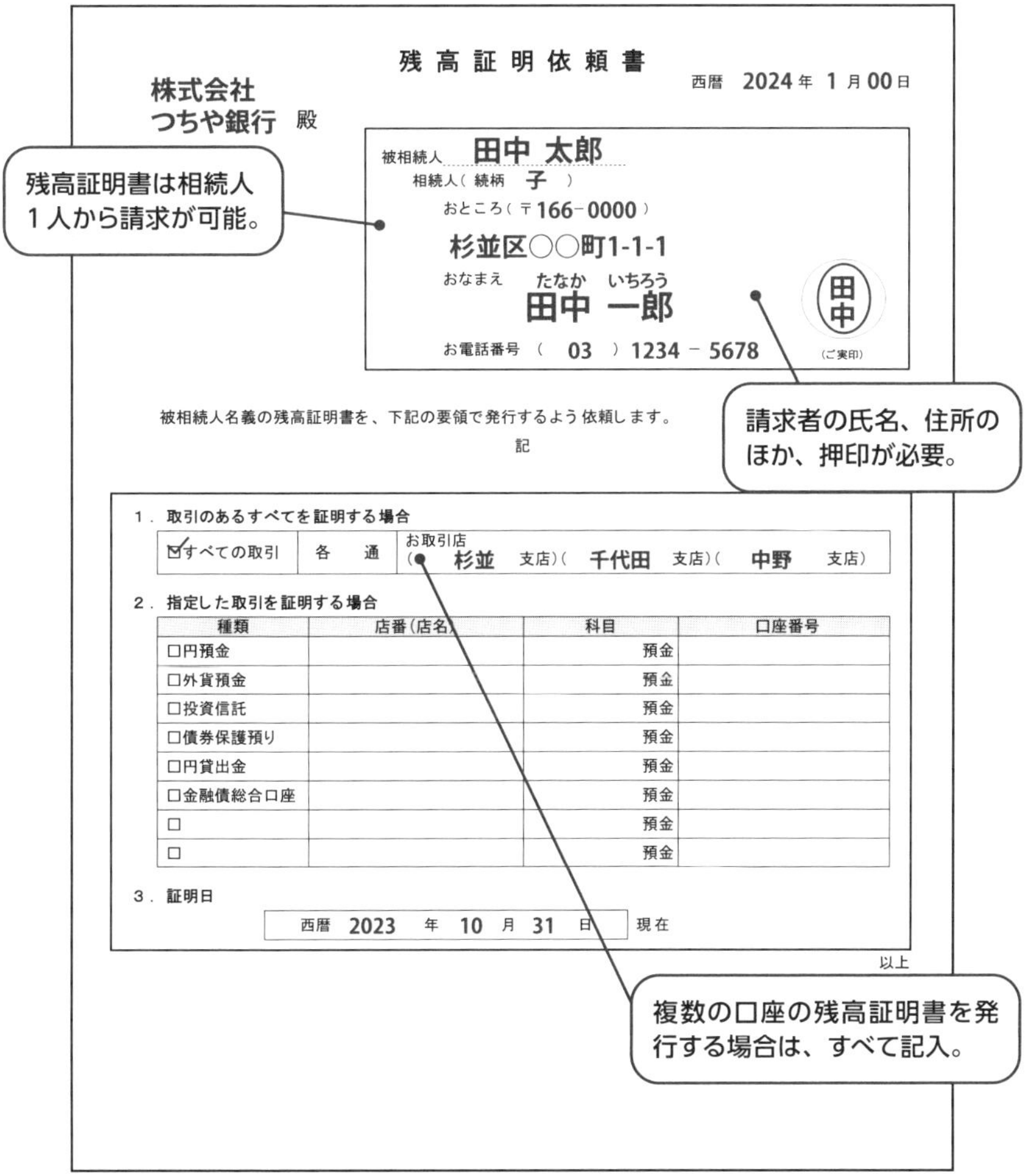

残高証明依頼書

西暦 2024 年 1 月 00 日

株式会社
つちや銀行 殿

被相続人 田中 太郎
相続人（続柄 子 ）
おところ（〒166－0000）
杉並区○○町1-1-1
おなまえ 田中《たなか》 一郎《いちろう》
お電話番号 （ 03 ）1234 － 5678
田中
（ご実印）

被相続人名義の残高証明書を、下記の要領で発行するよう依頼します。

記

1．取引のあるすべてを証明する場合

☑すべての取引	各 通	お取引店（ 杉並 支店）（ 千代田 支店）（ 中野 支店）

2．指定した取引を証明する場合

種類	店番（店名）	科目	口座番号
□円預金		預金	
□外貨預金		預金	
□投資信託		預金	
□債券保護預り		預金	
□円貸出金		預金	
□金融債総合口座		預金	
□		預金	
□		預金	

3．証明日

西暦 2023 年 10 月 31 日 現在

以上

残高証明書は相続人1人から請求が可能。
請求者の氏名、住所のほか、押印が必要。
複数の口座の残高証明書を発行する場合は、すべて記入。

◆銀行の相続届の書き方

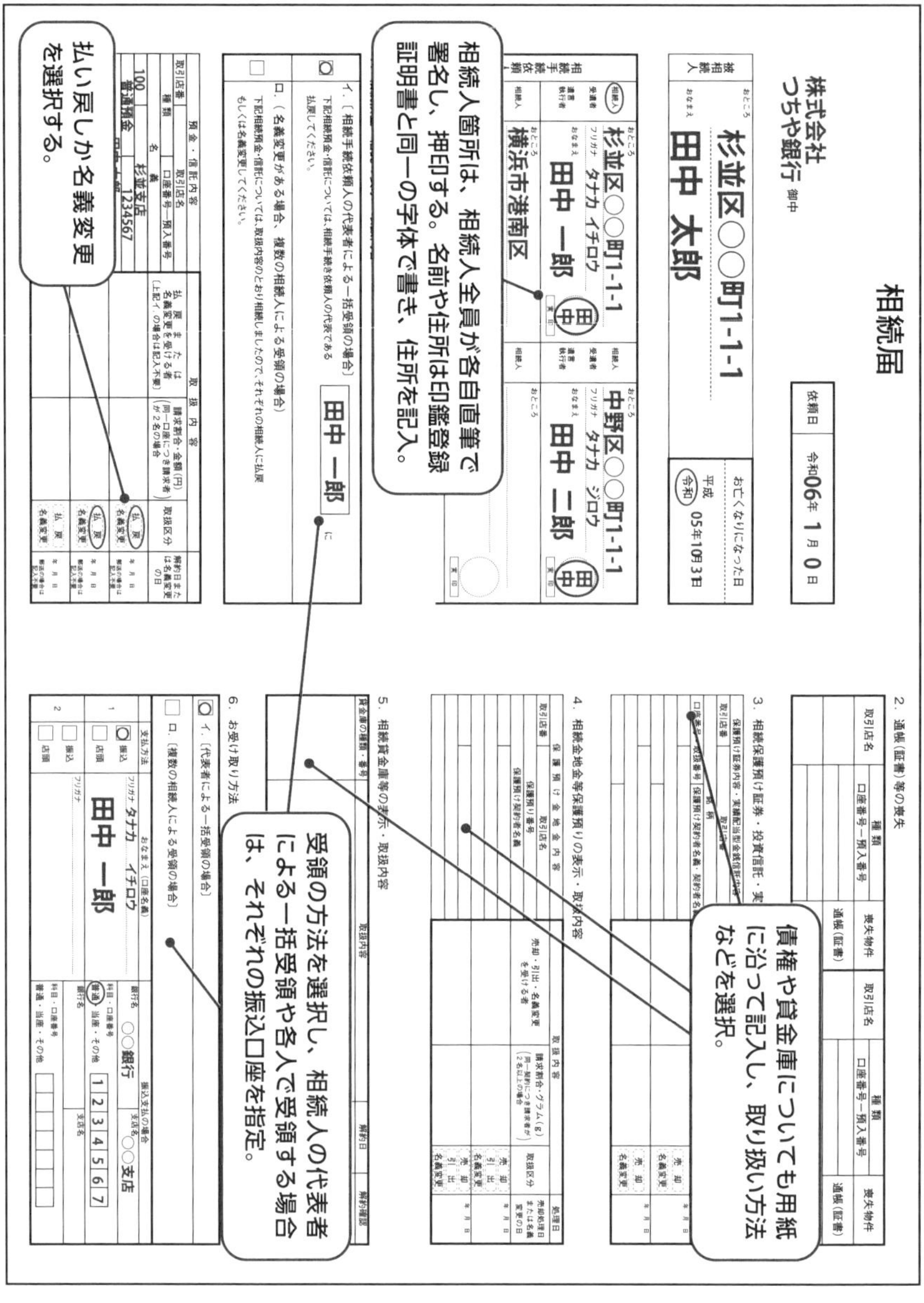
相続届
株式会社
つちや銀行 御中
依頼日 令和06年 1月 0日
被相続人 おところ 杉並区〇〇町1-1-1
おなまえ 田中 太郎
おなくなりになった日 平成 令和 05年10月3日
相続人 おところ 杉並区〇〇町1-1-1
フリガナ タナカ イチロウ
おなまえ 田中 一郎
相続人 おところ 中野区〇〇町1-1-1
フリガナ タナカ ジロウ
おなまえ 田中 二郎
相続手続依頼人 おところ 横浜市港南区
相続人箇所は、相続人全員が各自直筆で署名し、押印する。名前や住所は印鑑登録証明書と同一の字体で書き、住所を記入。
預金・信託内容
取引店番 100
取引店名 杉並支店
種類 普通預金
口座番号－預入番号 1234567
払い戻しか名義変更を選択する。
イ.〔相続手続依頼人の代表者による一括受領の場合〕
下記相続預金・信託については、相続手続き依頼人の代表である 田中 一郎 に払戻してください。
ロ.〔名義変更がある場合、複数の相続人による受領の場合〕
下記相続預金・信託については、取扱内容のとおり相続しましたので、それぞれの相続人に払戻もしくは名義変更してください。
2. 通帳(証書)等の喪失
3. 相続保護預け証券・投資信託・実績配当型金銭信託の表示・取扱内容
4. 相続貸金地金等保護預りの表示・取扱内容
5. 相続貸金庫等の表示・取扱内容
債権や貸金庫についても用紙に沿って記入し、取り扱い方法などを選択。
6. お受け取り方法
イ.〔代表者による一括受領の場合〕
ロ.〔複数の相続人による受領の場合〕
フリガナ タナカ イチロウ
おなまえ 田中 一郎
〇〇銀行 〇〇支店
普通
1234567
受領の方法を選択し、相続人の代表者による一括受領や各人で受領する場合は、それぞれの振込口座を指定。

◆ゆうちょ銀行の相続手続き

ゆうちょ銀行の相続手続きの主な手順

1	相続確認表を最寄りのゆうちょ銀行、または郵便局の貯金窓口に提出※
2	貯金事務センターから「必要書類のご案内」が送付される※
3	「必要書類のご案内」に沿って、相続手続請求書や戸籍謄本、相続人の印鑑登録証明書、遺産分割協議書、遺言書などの書類を揃えて、上記の窓口に提出する
4	代表相続人の通常貯金口座に相続払戻金が入金される

※ゆうちょ銀行 web サイトで相続形態などを入力することで、自宅などで「必要書類のご案内」が出力可能。

ゆうちょ銀行の手続きをする場合は、はじめに「相続確認表」を手に入れましょう。

◆相続確認表（1枚目）の書き方

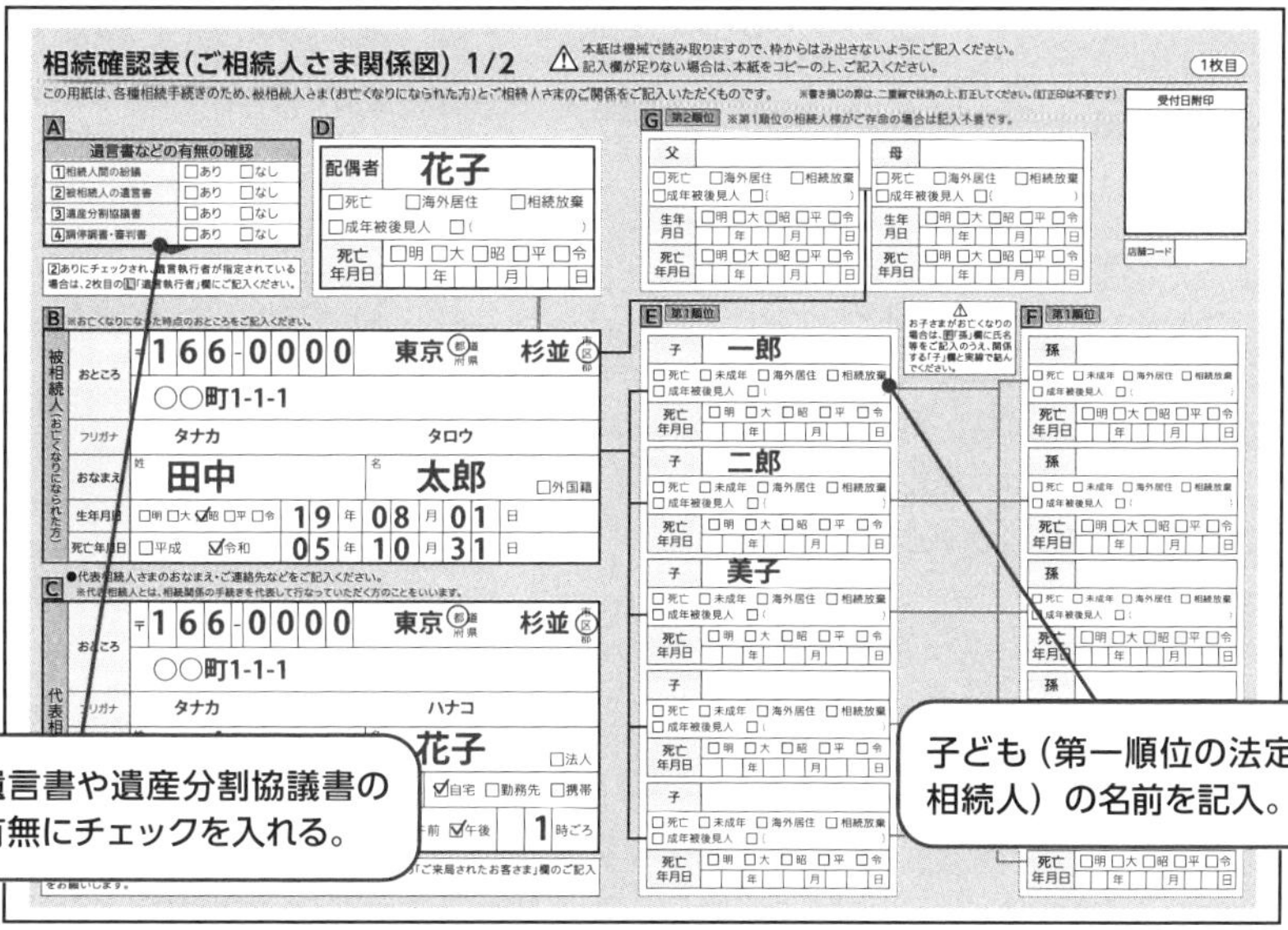

◆相続確認票（2枚目）の書き方

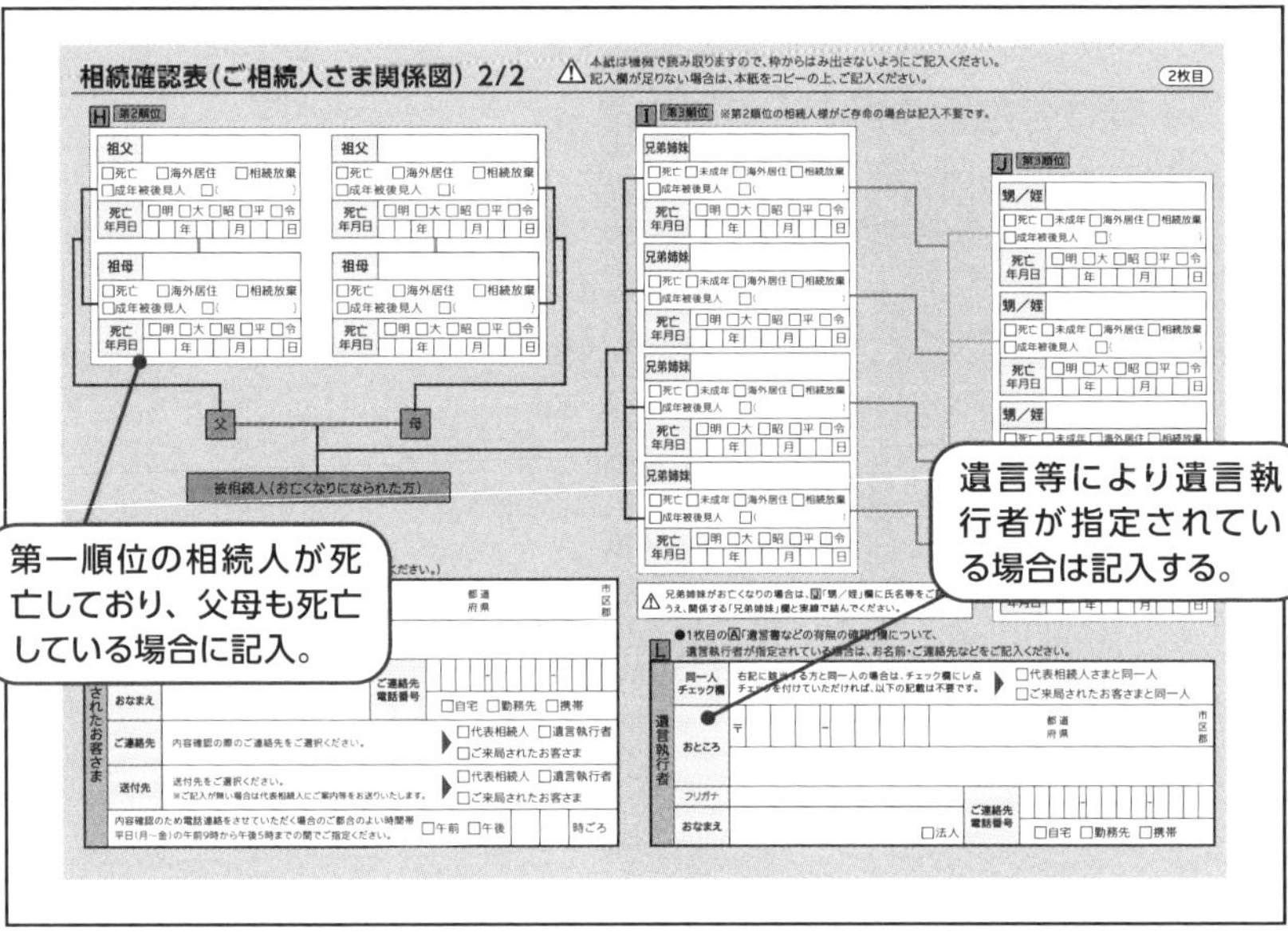

◆相続確認票（3枚目）の書き方

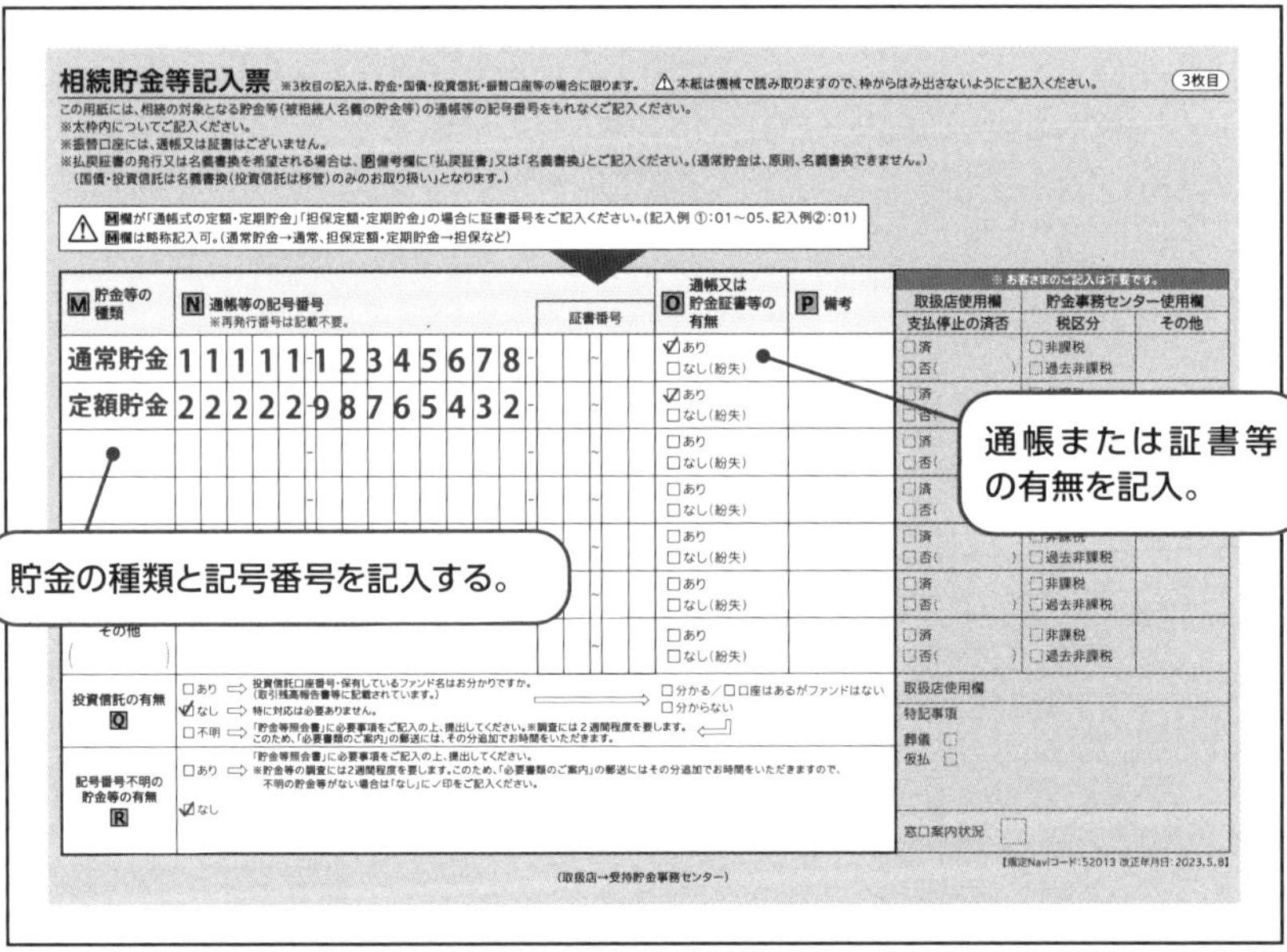

有価証券の相続

株式などを故人が所有していたら

誰に必要な手続き？	**該当者**のみ 相続人が手続き可能
いつまで？	**すみやかに**
提出先は？	**各証券会社**
必要なもの	・**故人の戸籍謄本** ・**相続人の戸籍謄本** ・**相続人の印鑑登録証明書** ・**遺産分割協議書**や**遺言書** ・証券会社で用意している**相続届**など
注意点	故人宛の郵便物、メールで有価証券の有無の確認を。売却したい場合でも、保有したい場合でも、相続人名義の証券用口座を開設する必要がある

相続するには、相続人名義の証券用口座が必要

株券などの有価証券の相続手続きは、基本的には前述している銀行の手続きと同様ですが、ひとつ違う点があります。それは相続するにあたっては、**相続人名義の証券用口座の開設が必要となること**です。これは相続した証券を売却するにしても、保有するにしても必要になる手続きです。

自社株の相続手続きの場合は、会社や会社の顧問税理士などにまずは相談してみましょう。

うっかりが多い車の引き継ぎ
自動車の相続

誰に必要な手続き？	**該当者**のみ 相続人が手続き可能
いつまで？	**すみやかに**
提出先は？	新たに相続した自動車を所有する相続人の住所地の**運輸局**
必要なもの	**・故人の戸籍謄本** **・相続人の戸籍謄本** **・相続人の印鑑登録証明書** **・遺産分割協議書**か自動車の**査定書**と**申立書** **・自動車検査証**　**・車庫証明**など
注意点	相続人が別の場所で車を管理する場合は、車庫証明を忘れずに

いずれの場合も所有者変更が必要

自動車も相続財産のひとつです。引き継いで乗るにしても、売却するにしても、廃車するにしても、**いずれにしても所有者を変更**しなければできませんから、すみやかに手続きを行いましょう。

自動車を引き継ぐ場合のポイントは、**車庫証明を取ること**です。車の旧所有者と新所有者の申請住所が同じなら必要ありませんが、旧所有者とは住所が違う場合は、警察署で車庫証明をとってから運輸局で申請をしましょう。

なお新旧の所有者で**住所地が違う場合は、車庫証明がなければ手続きができません。**

◆移転登録申請書の書き方

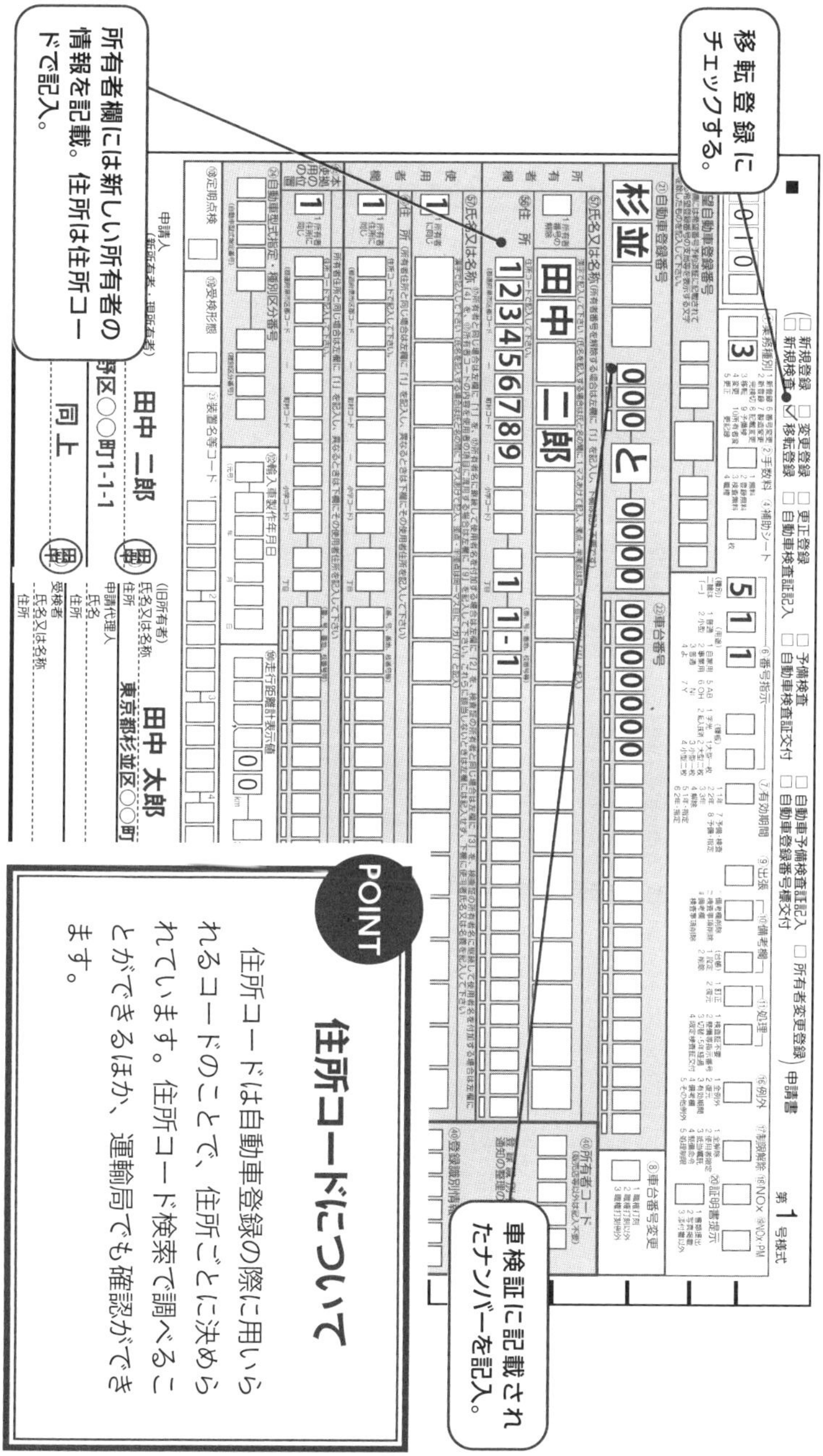

移転登録にチェックする。
所有者欄には新しい所有者の情報を記載。住所は住所コードで記入。
車検証に記載されたナンバーを記入。
第1号様式
新規登録
新規検査
変更登録
移転登録
更正登録
自動車検査記入
予備検査
自動車検査証交付
自動車予備検査証記入
自動車登録番号標交付
所有者変更登録
申請書
自動車登録番号
杉並
000
と
0000
車台番号
氏名又は名称
田中 二郎
住所
123456789
1-1-1
田中 太郎
東京都杉並区〇〇町
杉並区〇〇町1-1-1
同上

POINT

住所コードについて

住所コードは自動車登録の際に用いられるコードのことで、住所ごとに決められています。住所コード検索で調べることができるほか、運輸局でも確認ができます。

手続きしないとトラブルに!? 不動産の相続

誰に必要な手続き？	**該当者**のみ 相続人が手続き可能
いつまで？	**すみやかに**
提出先は？	不動産の住所地を管轄する**法務局**
必要なもの	・**登記申請書**　・**故人の戸籍謄本** ・**相続人の戸籍謄本** ・**相続人の印鑑登録証明書** ・**遺産分割協議書**や**遺言書** ・不動産の**固定資産評価証明書** ・**相続関係説明図**など
注意点	不動産の登記は手続きが大変細かく、書類も多岐にわたる。自分で手続きをしようとすると、何度も法務局へ足を運んで進める必要もあるため、専門家の力を借りたほうがおすすめ。その場合は司法書士へ

不動産登記は、実は自分で手続きするのは大変

不動産の権利関係を法務局に登録することを「登記」といい、不動産の相続にはこの手続きが必要です。権利を確定しておかなければ相続人間でトラブルになることもあります。同居していた故人所有の不動産を引き継いでそのまま住む場合でも、売却する場合でも手続きはできるだけすみやかに行いましょう。

なお2024年4月から、これまでは任意だった相続した不動産の名義変更を行う「相続登記」が義務化されました。不動産を相続したことを知った日から3年以内に相続登記しない場合、10万円以下の罰金が科される場合があるので注意が必要です。

◆不動産登記での代表的な書類

1. 登記申請書

登記申請書は定められた書式がありません。登記の目的や原因、相続人など、必要事項を記載すれば書類として認められます。

登記申請書

登記の目的　所有権移転

原　　因　令和05年10月31日相続

相 続 人　(被相続人　田中　太郎)

杉並区◯◯町一丁目00番地
(申請人)　東京都杉並区◯◯町1-1-1
田中花子　(田中)

連絡先の電話番号　03 − 1234 − 5678

添付情報
登記原因証明情報　住所証明情報

令和06年2月00日申請　東京法務局(杉並出張所)

課 税 価 格　金2,000万円

登録免許税　金8万円

不動産の表示
所　　在　杉並区◯◯町一丁目
地　　番　00番
地　　目　宅地
地　　積　123平方メートル

所　　在　杉並区◯◯町一丁目
家 屋 番 号　00番の1
種　　類　居宅
構　　造　木造二階建て
床 面 積　1階　35平方メートル
平方メートル

認印でOK。

課税価格は固定資産評価証明書を見ればほとんど、金額が出ている。

登記免許税は課税価格の0.4%。100円未満は切り捨てる。

不動産の表示は地番と家屋番号が必要。これらは登記事項証明書の中に記載がある。

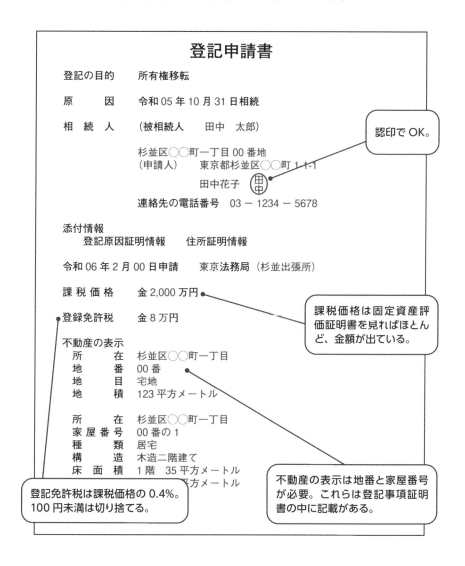

2. 相続関係説明図

相続関係説明図は被相続人と相続人の関係性を整理した書類で、こちらも定められた書式はありません。相続関係説明図を提出すると、申請書類に添付した戸籍原本は返却してもらえます。

なお、「法定相続情報証明書」（148ページ）を提出すれば、相続関係説明図はもちろん戸籍謄本なども提出する必要がなくなります。

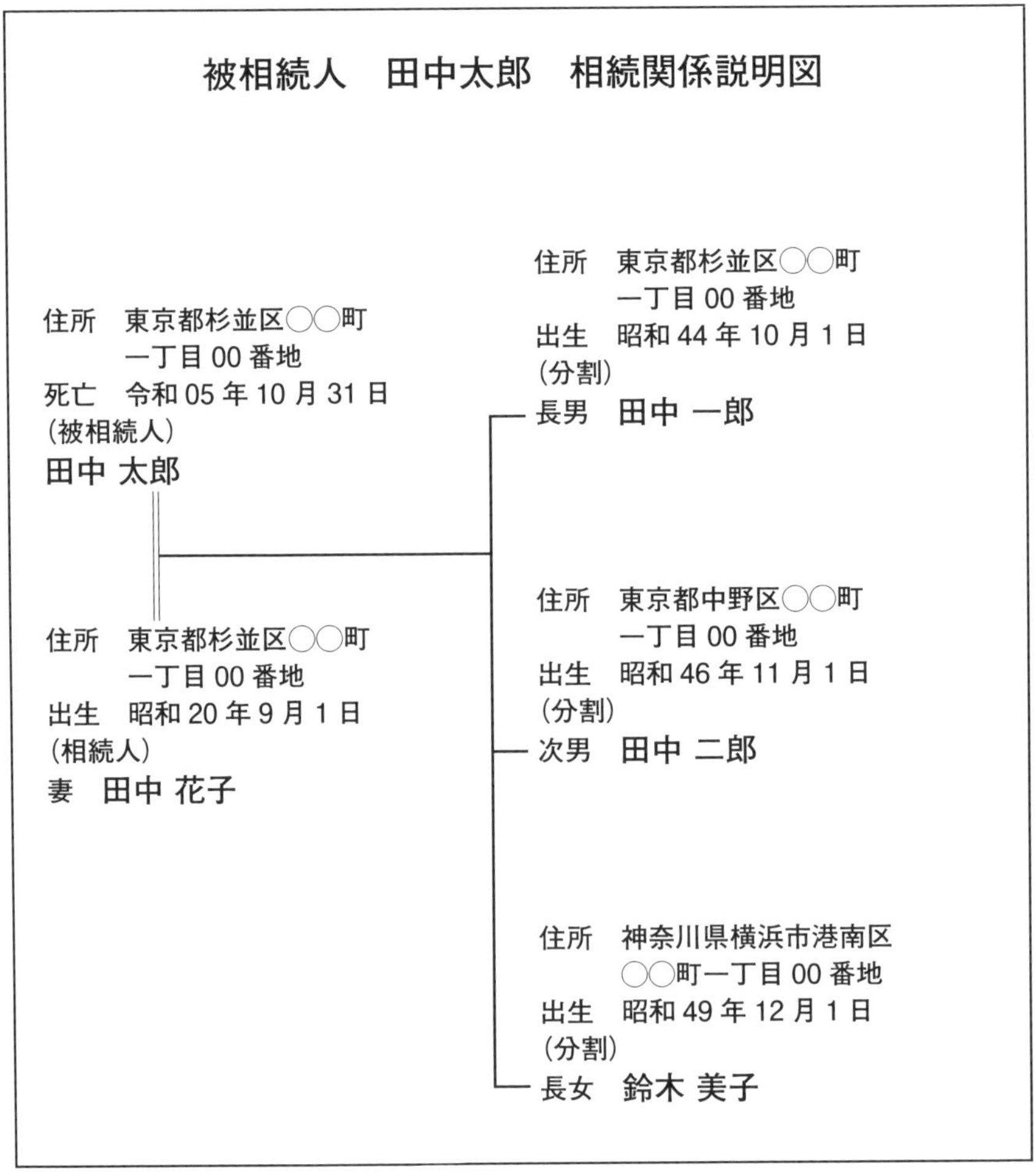
被相続人　田中太郎　相続関係説明図
住所　東京都杉並区◯◯町
一丁目 00 番地
死亡　令和 05 年 10 月 31 日
（被相続人）
田中 太郎
住所　東京都杉並区◯◯町
一丁目 00 番地
出生　昭和 20 年 9 月 1 日
（相続人）
妻　田中 花子
住所　東京都杉並区◯◯町
一丁目 00 番地
出生　昭和 44 年 10 月 1 日
（分割）
長男　田中 一郎
住所　東京都中野区◯◯町
一丁目 00 番地
出生　昭和 46 年 11 月 1 日
（分割）
次男　田中 二郎
住所　神奈川県横浜市港南区
◯◯町一丁目 00 番地
出生　昭和 49 年 12 月 1 日
（分割）
長女　鈴木 美子

住宅ローンを完済 団体信用生命保険

誰に必要な手続き？	**該当者**のみ 相続人が手続き可能
いつまで？	通常は **2カ月以内** 3年以内に申請しないと失権
提出先は？	**各金融機関**
必要なもの	・**各金融機関所定の申請書** ・**死亡診断書**（受託金融機関に所定の用紙がある場合はそれを使用） ・**死亡の記載がある住民票**など
注意点	相続人の不動産名義変更登記とともに、金融機関などの抵当権抹消登記も手続きする

保険加入者が死亡したときは、すみやかに連絡を

団体信用生命保険とは、住宅ローンを組んだ際に加入する保険のこと。加入者が死亡した場合は、生命保険会社がローンを完済してくれる仕組みです。ローン完済後は、不動産登記名義を変更するとともに、抵当権抹消の手続きもしましょう。ローンを組んだときに住んでいる不動産を担保にしたので、それを解消します。

登記申請書

登記の目的　抵当権抹消
抹消する登記　平成15年3月1日受付第1234号抵当権
原　因　令和05年10月31日　解除
権利者　東京都◯◯町一丁目00番地
田中 花子
義務者　東京都新宿区◯◯町1-1-1
株式会社つちや銀行
代表取締役　渡部 英一

添付情報
登記識別情報または登記済証　登記原因証明情報
資格証明情報　代理権限証明情報

令和06年2月00日申請　東京法務局（杉並出張所）御中

申請人兼義務者代理人　東京都◯◯町一丁目00番地
田中 花子
連絡先 03-1234-5678

登録免許税　金2,000円

不動産の表示
所　在　杉並区◯◯町一丁目
地　番　00番
地　目　宅地
地　積　123平方メートル

所　在　杉並区◯◯町一丁目
家屋番号　00番の1
種　類　居宅
構　造　木造二階建て
床面積　1階　35平方メートル
2階　30平方メートル

相続税

我が家の納税額は？

誰に必要な手続き？	**該当者**のみ 相続人が手続き可能
いつまで？	相続の開始があったことを知った日の翌日から **10 カ月以内**（納付まで）
提出先は？	被相続人（故人）の住所地を管轄する**税務署**
必要なもの	**相続税の申告書**など
注意点	**相続税は現金一括払いが基本** 納付が遅れるとペナルティーが（延滞税）が課せられる。また、相続税の申告書提出後、税務調査が 4 件に 1 件程度の確率で行われる

課税価格の合計が基礎控除額より大きいときに申告が発生

相続のクライマックスが相続税の申告と納税です。これらは10カ月以内に行わないと罰則が課されるので注意しましょう。

相続税申告と納付の前には相続財産を調査し、それぞれの評価額を把握する必要があります。

それというのも、**すべての財産の課税価格の合計が基礎控除額（非課税枠）の範囲なら、相続税申告はおろか納付もする必要が一切ない**からです。したがって、評価額を把握することが相続税の手続きではもっとも大切なポイントだといえるでしょう。

◆相続税を納めるまでの主な手順

1	土地や建物、預金、有価証券など、相続財産を調査し、評価する
2	評価額の合計が基礎控除額を超えていた場合は、相続税の申告が必要になる。税理士などの専門家の力も借りて、相続税を確認する
3	相続税の申告書を作成し、納税する

法定相続人が3人なら、4800万円までが基礎控除額に

基礎控除額＝3000万円＋（600万円×法定相続人の数）

まずは、基礎控除額を確認しておきましょう。例えば、夫が亡くなり、妻と子ども2名の計3名が法定相続人の場合は、3000万円＋（600万円×3人）＝4800万円が基礎控除額になります。

非課税限度額＝500万円×法定相続人の数

基礎控除額のほかに、生命保険金などにも「非課税限度額」という控除額があります。これも忘れずに計算に入れましょう。

資産4000万円～5000万円なら相続税!?

法定相続人が3名の場合、自宅と金融資産で4000万円～5000万円の遺産があったときは、相続税がかかる可能性があります。評価額で基礎控除額周辺の金額だった場合は、注意が必要です。

POINT

配偶者は1億6000万円までは相続税なし

被相続人の配偶者は、取得した遺産額が1億6000万円に満たない場合は、相続税はかかりません。ただし税務署での手続きが必要です。

◆相続税の計算方法（法定相続分ですべて分割の場合）

相続税は課税遺産総額にかかるものですが、**課税遺産総額から計算するものではなく、法定相続分でいったん分けてから計算します。**

相続税の税率（速算表）

法定相続分に応じた取得金額	税率	控除額	法定相続分に応じた取得金額	税率	控除額
1000万円以下	10%	—	2億円以下	40%	1700万円
3000万円以下	15%	50万円	3億円以下	45%	2700万円
5000万円以下	20%	200万円	6億円以下	50%	4200万円
1億円以下	30%	700万円	6億円超	55%	7200万円

◆妻、子ども2名（基礎控除額4800万円）の相続税の計算例

※正味の遺産額1億4800万円の場合

1	遺産額1億4800万円−基礎控除額4800万円＝課税遺産総額1億
2	妻 →1億×法定相続分2分の1＝5000万円 子ども①→1億×法定相続分4分の1＝2500万円 子ども②→1億×法定相続分4分の1＝2500万円
3	妻 →5000万円×上記の税率20%−控除額200万円＝800万円 子ども①→2500万円×上記の税率15%−控除額50万円＝325万円 子ども②→2500万円×上記の税率15%−控除額50万円＝325万円
4	800万円＋325万円＋325万円＝相続税の総額1450万円
5	妻 →1450万円×法定相続分2分の1＝725万円 子ども①→1450万円×法定相続分4分の1＝362万5000円 子ども②→1450万円×法定相続分4分の1＝362万5000円

妻は配偶者の税額軽減により0円。

子ども①と子ども②はそれぞれ362万5000円の相続税となる。

土地や建物など評価方法

◆相続財産の主な評価方法

宅地	路線価方式※1もしくは倍率方式※2で計算	およそ時価の８割
自宅	固定資産税評価額	およそ時価の４～６割
貸家	固定資産税評価額×70%	およそ時価の３～４割
普通預金 定期預金	死亡日時点の残高	
上場株式	死亡日の終値もしくは、死亡月・死亡した前月・死亡した前々月の終値の月平均額のうちいずれか低い額	
非上場株式	同族株主か否かによって異なる。純資産価額方式などで評価される	

※１　毎年、各国税局が作成する路線価図に基づいて土地を評価する方法。
※２　路線価が定められていない地域で採用される方法。

評価で難しいのは土地

土地の評価は専門性が高いため、土地などの資産がある場合は、税理士の力を借りることをおすすめします。

POINT

小規模宅地等の特例

店舗などに使用していた故人の土地が、一定の面積まで評価額が8割～5割減額される制度です。特例を受けたい場合は、税理士に相談を。

相続手続きの最終段階

相続税の申告書

相続税の申告書は全員で1通

相続税の申告書は、相続人など申告義務のある人が共同で1通を作成します。期限までに、申告・納税まで済ませるように準備しましょう。

◆第1表(相続税申告書)の書き方

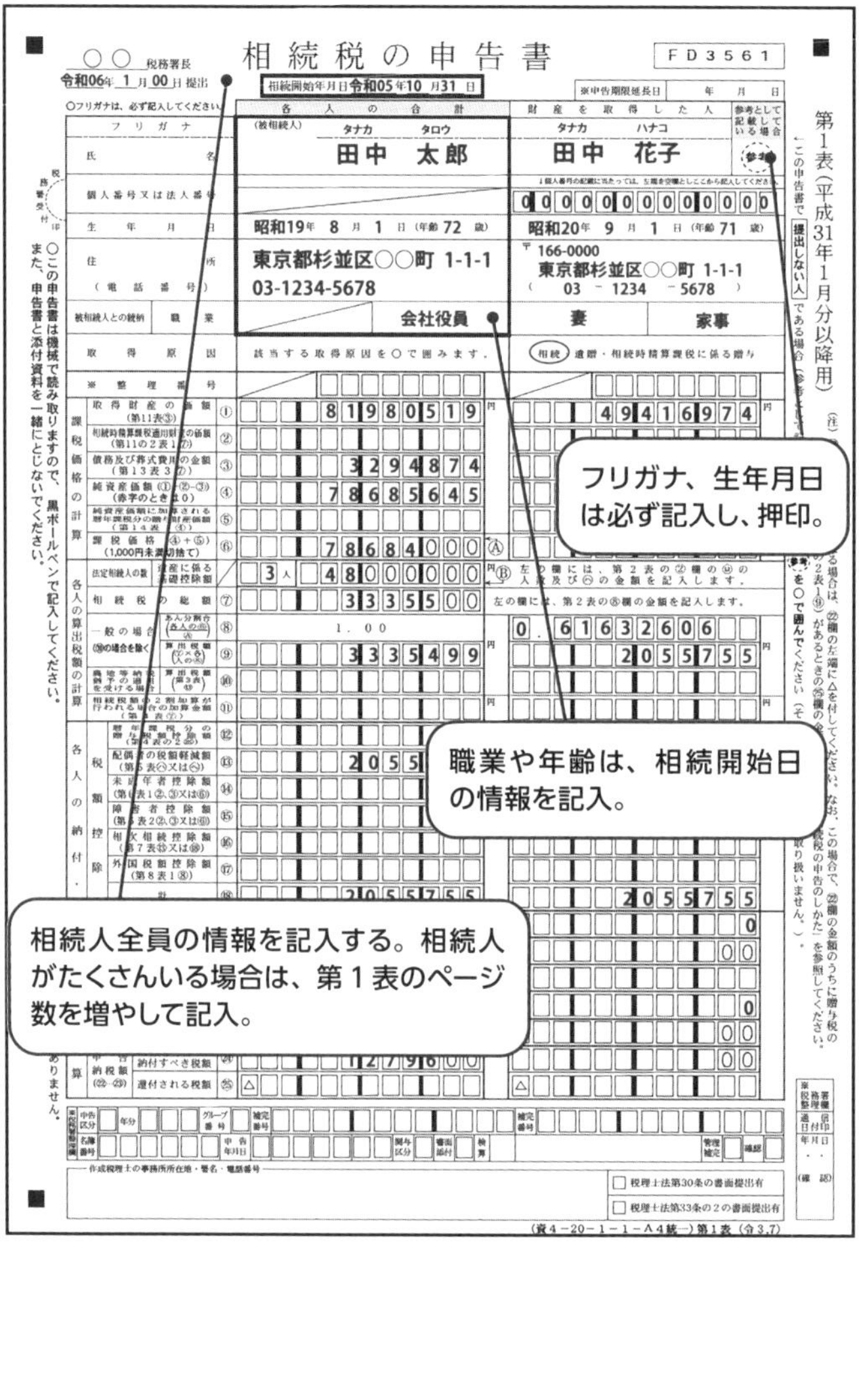

相続税の申告書
フリガナ、生年月日は必ず記入し、押印。
職業や年齢は、相続開始日の情報を記入。
相続人全員の情報を記入する。相続人がたくさんいる場合は、第１表のページ数を増やして記入。

◆第2表（相続税の総額の計算書）の書き方

相続税の総額の計算書

被相続人	田中 太郎

第2表（令和5年1月分以降用）

この表は、第1表及び第3表の「相続税の総額」の計算のために使用します。
なお、被相続人から相続、遺贈や相続時精算課税に係る贈与によって財産を取得した人のうちに農業相続人がいない場合は、この表の㋭欄及び㋬欄並びに⑨欄から⑪欄までは記入する必要がありません。

① 課税価格の合計額		② 遺産に係る基礎控除額		③ 課税遺産総額	
㋑（第1表 ⑥Ⓐ）	78,684,000 円	3,000万円＋（600万円×㋺ 3 人（Ⓐの法定相続人の数））＝	㋩ 4,800 万円	㊁（㋑－㋩）	30,684,000 円
㋭（第3表 ⑥Ⓐ）	,000	㋺の人数及び㋩の金額を第1表Ⓑへ転記します。		㋬（㋭－㋩）	,000

④ 法定相続人（注）1参照）氏名	被相続人との続柄	⑤ 左の法定相続人に応じた法定相続分	⑥ 法定相続分に応ずる取得金額（㊁×⑤）（1,000円未満切捨て）	⑦ 相続税の総額の基となる税額（下の「速算表」で計算します。）	⑨（第3表の「相続税の総額⑦」の計算）	⑩
田中 花子	妻	1／2	15,342,000 円	1,801,300 円	,000	
田中 一郎	長男	1／4	7,671,000	767,100	,000	
田中 二郎	二男	1／4	7,671,000	767,100	,000	
			,000		,000	
			,000			
			,000			
			,000			
			,000		,000	
			,000		,000	
法定相続人の数	Ⓐ 3 人	合計 1	⑧ 相続税の総額（⑦の合計額）（100円未満切捨て）	3,335,500	⑪ 相続税の総額（⑩の合計額）（100円未満切捨て）	00

（注）1 ④欄の記入に当たっては、被相続人に養子がある場合や相続の放棄があった場合には、「相続税の申告のしかた」をご覧ください。
2 ⑧欄の金額を第1表⑦欄へ転記します。財産を取得した人のうちに農業相続人がいる場合は、⑧欄の金額を第1表⑦欄へ転記するとともに、⑪欄の金額を第3表⑦欄へ転記します。

相続税の速算表

法定相続分に応ずる取得金額	10,000千円以下	30,000千円以下	50,000千円以下	100,000千円以下	200,000千円以下	300,000千円以下	600,000千円以下	600,000千円超
税率	10%	15%	20%	30%	40%	45%	50%	55%
控除額	－	500千円	2,000千円	7,000千円	17,000千円	27,000千円	42,000千円	72,000千円

この速算表の使用方法は、次のとおりです。
⑥欄の金額×税率－控除額＝⑦欄の税額　⑨欄の金額×税率－控除額＝⑩欄の税
例えば、⑥欄の金額30,000千円に対する税額（⑦欄）は、30,000千円×15%－500千円＝

○連帯納付義務について
相続税の納税については、各相続人等が相続、遺贈や相続時精算課税に係る贈与
お互いに連帯して納付しなければならない義務があります。

第2表（令5.7）　（資4－20－3－A4統一）

法定相続人の数を記入。

用紙に書かれている通りに、第1表の⑥欄から転記。

⑤の縦欄は法定相続分を記入し、合計が「1」になるように記入。

用紙下の速算表を使って計算した税額を記入。

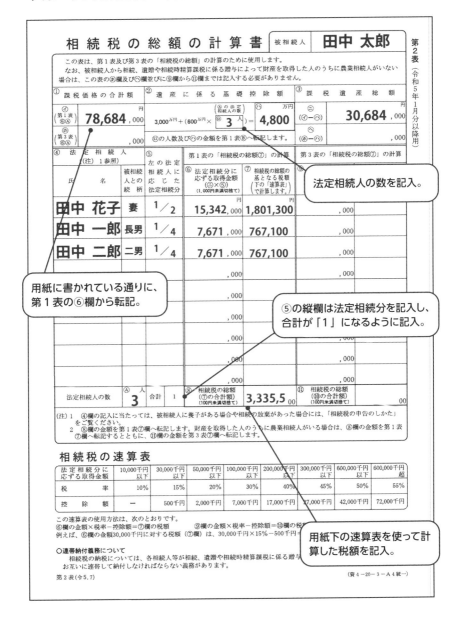

◆第11表（相続税がかかる財産の明細書）の書き方

相続税がかかる財産の明細書
（相続時精算課税適用財産を除きます。）

第11表（令和2年4月分以降用）

被相続人	田中 太郎

○相続時精算課税適用財産の明細については、この表によらず第11の2表に記載

この表は、相続や遺贈によって取得した財産及び相続や遺贈によって取得したものとみなされる財産のうち、相続税のかかるものについての明細を記入します。

遺産の分割状況		1 全部分割	2 一部分割	3 全部未分割
	区分			
	分割の日	06・1・00	・ ・	

種類	細目	利用区分、銘柄等	所在場所等	数量 / 固定資産税評価額	単価 / 倍数	価額	取得した人の氏名	取得財産の価額
土地	宅地	自宅	杉並区○○町○番○	300m²	362,600円 / 0.9126645111	39,157,523円	田中花子	39,157,523円
	小計					(39,157,523)		
計						((39,157,523))		
家屋・構築物	家屋	自宅	杉並区○○町○番○家屋番号○番○	280m² / 4,453,100	1.0×0.8825	3,929,896	田中花子	3,929,896
計						((3,929,896))		
現金・預貯金等	預貯金	通常貯金	ゆうちょ銀行			6,525,399	田中一郎	
	預貯金	普通口座	つちや銀行			1,257,113	田中二郎	
計						((7,782,512))		
				1式		100,000	田中花子	100,000
						((100,000))		
・	・	・	・	・	・	・	・	・
合計						81,980,519		

遺産の分割状況は、該当するものに○をつけて必ず分割の日付を記入。

課税される財産をそれぞれ記入し、取得した人の名前と価額も記入。

合計表		（各人の合計）	田中花子	田中一郎	田中二郎		
分割財産の価額	①	81,980,519円	49,416,974円	15,550,208円	17,013,337円	円	円
未分割財産の価額	②						
各人の取得財産の価額（①＋②）	③	81,980,519	49,416,974	15,550,208	17,013,337		

（注）1 「合計表」の各人の③欄の金額を第1表のその人の「取得財産の価額①」欄に転記します。
2 「財産の明細」の「価額」欄は、財産の細目、種類ごとに小計及び計を付し、最後に合計を付して、それらの金額を第15表の①から㉚までの該当欄に転記します。

第11表（令5.7）　　（資4－20－12－1－A4統一）

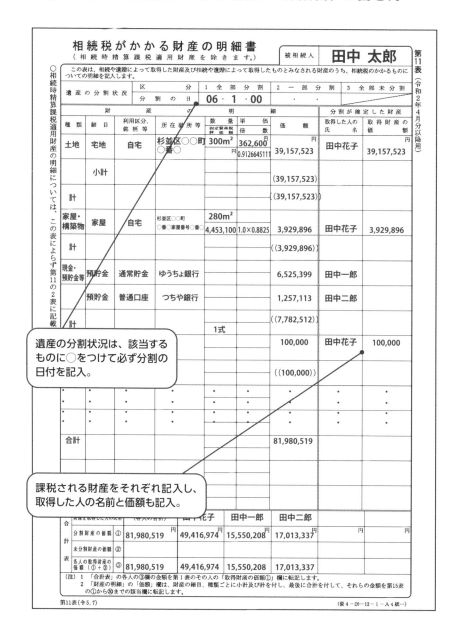

◆第15表（相続財産の種類別価額表）の書き方

相続財産の種類別価額表（この表は、第11表から第14表までの記載に基づいて記入します。）　FD3539

第15表（令和2年4月分以降用）

（単位は円）　被相続人　田中太郎

種類	細目	番号	各人の合計	（氏名）田中花子
	※整理番号		被相続人	
土地（土地の上に存する権利を含みます。）	田	①		
	畑	②		
	宅地	③	39157523	39157523
	山林	④		
	その他の土地	⑤		
	計	⑥	39157523	39157523
	③のうち配偶者居住権に基づく敷地利用権	⑦		
	⑥のうち特例農地等　通常価額	⑧		
	⑥のうち特例農地等　農業投資価格による価額	⑨		
家屋等		⑩	3929896	3929896
	⑩のうち配偶者居住権	⑪		
事業（農業）用財産	機械、器具、農耕具、その他の減価償却資産	⑫		
	商品、製品、半製品、原材料、農産物等	⑬		
	売掛金	⑭		
	その他の財産	⑮		
	計	⑯		
有価証券	特定同族会社の株式及び出資　配当還元方式によったもの	⑰		
	特定同族会社の株式及び出資　その他の方式によったもの	⑱		
	⑰及び⑱以外の株式及び出資	⑲		
	公債及び社債	⑳		
	証券投資信託、貸付信託の受益証券	㉑		
	計	㉒		
現金、預貯金等		㉓	23812142	5292761
家庭用財産		㉔	50000	50000
その他の財産	生命保険金等	㉕	0	0
	退職手当金等	㉖		
	立木	㉗		
	その他	㉘	15030968	986794
	計	㉙	15030968	986794
合計（⑥＋⑩＋⑯＋㉒＋㉓＋㉔＋㉙）		㉚	81980519	49416974
相続時精算課税適用財産の価額		㉛		
不動産等の価額（⑥＋⑩＋⑫＋⑰＋⑱＋㉗）		㉜	43087419	43087419
債務等	債務	㉝	1301469	921606
	葬式費用	㉞	1993405	
	計（㉝＋㉞）	㉟	3294874	921606
差引純資産価額（㉚＋㉛－㉟）（赤字のときは0）		㊱	78685645	48495368
純資産価額に加算される暦年課税分の贈与財産価額		㊲		
課税価格（㊱＋㊲）（1,000円未満切捨て）		㊳	78684000	48495000

○この申告書は機械で読み取りますので、黒ボールペンで記入してください。

※の項目は記入する必要がありません。

※税務署整理欄　申告区分　年分　名簿番号　申告年月日

第15表（令5.7）

①～⑥、⑨～㉘の欄は第11表を参考に記入。

負債についても記入を。負債は第13表という別紙がある。

家族が亡くなったときの経過と主な手続き一覧

（余命宣告〜１周忌、それ以降）

	経過	手続き内容（解説ページ）
余命宣告・死亡から数日	余命宣告・死亡から数日	●葬儀社選び……P42
	死亡	●親族、友人、知人、会社関係者などに逝去の第一報……P35 ●葬儀社や宗教家への連絡……P31 ●死亡診断書の受け取り……P32
	遺体の搬送 遺体の安置	●喪主決定……P35 ●葬儀社との打ち合わせ……P51 ●通夜、葬儀・告別式の日取りを決定し、関係者に連絡……P60 ●死亡届の提出……P36 ●火葬許可証の受け取り……P37
死亡から約１週間〜２週間	通夜／葬儀・告別式 繰り上げ初七日法要／精進落とし	●埋葬許可証の受け取り……P37
	初七日	●介護保険資格の喪失手続き……P25 ●各種支払いや香典整理……P72 ●世帯主変更届……P80 ●健康保険証の返納……P82 ●遺族の健康保険の加入……P83 ●年金受給の停止手続き……P84 ●忌明け法要（四十九日）と納骨の相談……P76 ●銀行口座の凍結やライフライン、クレジットカードの解約や名義変更……P93

死亡から約49日	忌明け法要（四十九日） 納骨式	●香典返し……P75 ●遺言書を探す……P144 ●相続人の調査……P150 ●相続財産の調査……P156
死亡から3カ月以内		●相続放棄……P152
死亡から4カ月以内		●準確定申告……P94 ●故人の事業の継承……P108
死亡から10カ月以内		●遺産分割協議および遺産の分割……P163
死亡から約1年後	一周忌法要	
死亡から約2年以内		●相続税の手続き……P186 ●高額療養費の請求……P100 ●高額介護サービス費の請求……P105 ●児童扶養手当の請求……P106 ●各種葬祭費・埋葬費などの請求……P112 ●死亡一時金の申請……P130
死亡から約3年～5年以内		●遺族年金の選択と請求……P118 ●生命保険の支払い請求……P137

監修 吉川美津子

葬送・終活ソーシャルワーカー／社会福祉士／介護福祉士
大手葬儀社、大手仏壇・墓石販売店勤務を経て、葬送コンサルタントとして独立。近年は葬送関連事業と並行しながら、社会福祉士として、また介護職として福祉・介護の現場でも活動している。メディア掲載・出演実績は500本以上。主な著書に『お墓の疑問?解決事典』（つちや書店）、『葬儀・相続 手続きとお金』（扶桑社ムック）、『死後離婚』（洋泉社）、『お墓の大問題』（小学館新書）などがある。

監修 黒澤史津乃

株式会社OAGライフサポート代表取締役（行政書士／消費生活アドバイザー／消費生活相談員／NHK文化センター講師）
金融業界で証券アナリスト・エコノミストとして調査業務に従事した後、子育てに専念する期間を経て、家族に頼らずに老後と死を迎える主に高齢者の法務問題に携わっている。共著に『家族に頼らないおひとりさまの終活』（ビジネス教育出版社）。OAGライフサポートで「おひとりさま」に対する総合的支援に関わり、2023年から現職。政府の「認知症と向き合う『幸齢社会』実現会議」有識者構成員。

デザイン　荻窪裕司
イラスト　仁平こころ
DTP協力　斉藤英俊
構成・編集　岡崎 亨（さくら編集工房）
協力　株式会社松戸家　中本泰輔
https://www.mazdoya.co.jp

葬儀の疑問? 解決事典

2024年4月10日　初版第1版発行
監修　吉川美津子、黒澤史津乃
発行者　佐藤 秀
発行所　株式会社つちや書店
〒113-0023 東京都文京区向丘1-8-13
電話 03-3816-2071　FAX 03-3816-2072
HP http://tsuchiyashoten.co.jp/
E-mail info@tsuchiyashoten.co.jp
印刷・製本　日経印刷株式会社